心的交流の起こる場所

心理療法における
行き詰まりと
治療機序をめぐって

上田勝久 著
Katsuhisa Ueda

Ψ
金剛出版

目次

心的交流の起こる場所

心理療法における行き詰まりと治療機序をめぐって

心的交流の起こる場所

心理療法における行き詰まりと治療機序をめぐって

序章　精神分析の知との出会い

心理療法という営みはきわめてパーソナルな営みである。ある患者とある治療者の心理療法は、他の誰もが再現しえない絶対的な独自性とある種の排他性をその内に宿している。それは文字通りかけがえのない営みとなっている。

その一方で、この営みにはある種の普遍的な要素もそなえられている。もし、この営為にあらゆる患者－治療者に通じる要素や公共的な性質など何もないならば、これまでに提出されてきた個別的で主観的な事例研究は何の意味もなさなくなってしまうだろう。

心理療法について論じることには、こうした個別性と普遍性、私性と公共性、主観と客観といった対極的な性状を、いかにして共存させうるかという大きな困難が立ちはだかっている。そして、優れた事例研究や心理療法に関する論考はこのような対極的な要素を共存させ、これらの相反する性状があたかも「ひとつなぎ」になっているかのような印象を読み手に与えている。その事例研究で論じられていることは確かにその患者の物語にすぎず、彼らに対する治療者の主観的な物語にすぎないのかもしれない。だが、その物語は多くの読者に深い納得の感覚を与え、特にその読者が臨床家の場合には、自身が出会う患者のこころにもその物語と共通する何かを見いだすことになる。あるいは、その治療者自身のこころの物語とも符合する何かを見いだすことになる。そこではあるひとりの人間に対する探求が人間全般に関わる要素へと結びついている。

この本の大部分は、自験例をもとに練り上げてきた私なりの心理臨床的な知見の呈示に割かれている。心的現実と外的現実、抑うつと罪悪感、ナルシシズム、解釈と交流、恥、美的体験、低頻度設定、フロイトの転移論、そして心理療法が有効にはたらく場に関する論考とテーマはさまざまだが、そのいずれもがここでいう「パーソナルな探求から、普遍的な要素の抽出へ」という道筋を辿ろうとした私なりの挑戦の軌跡となっている。もちろん、これらの論考がどれだけ公共性を帯びているのかは定かでない。その判断はもはや読者の感覚に委ねられている。ただ、少なくとも私はこの先達によって構築されてきた「パーソナルな探求から、普遍的な要素の抽出へ」という道筋をきわめて科学的な研究方法であると考えている。かつて河合（一九七六）は「ひとつの事例の記述のなかに、何回もの仮説と検証の過程が組みこまれて」おり、それはときに「被験者百名に値する重みをもっている」と述べたが、私もまたこのような過程を何とか辿ろうともがくなかで形にしてきたものが本書の論考である。

ある現象について考えようとするとき、私たちは必ず何らかの準拠枠や基準線を必要とする。私にとっては精神分析的な知がまさにそれであった。しかしながら、私は精神分析家ではない。私自身パーソナルセラピーを受け、精神分析的な志向をもつスーパーヴィジョンを受け、その手の事例検討会や系統講義に取り組んできたが、厳密にはいまだ精神分析という営みにはふれたこともないし、それを受けたことも、それを実行したこともない。というのも、精神分析とは精神分析家によって行われる、週四日以上の頻度の、カウチを用いた自由連想法による営みを指しているからである。

そのような私が精神分析的な知をどれだけまっとうに活用できるのかは甚だ疑問である。先達が提供してきた精神分析的な理論はあくまで精神分析という営みから抽出されたものであり、私が行っている心理療法にそれが本当に活用できるのかどうかは原理的には大いに疑わしく思えるからである。

だが、それでも私は自身の臨床実践に精神分析の知が役立ってきたと感じている。それは何も私の独断ではなく、私が経験してきた臨床実践とそこに参加していた患者の在り様《あ よう》がそのように教えてくれているからである。当然、患者から「あなたの精神分析的な理解が役に立ちました」と言われたわけではない。だが、精神分析的な知を準拠枠としながら心理療法を実践するなかで、確かに私は患者が何らかの本質的な変化を手にする瞬間に立ち会い、きわめて人間的な交わりがそこに生起される様を目の当たりにしてきた。

本書は厳密には精神分析的な実践やその知を紹介する本ではない。本書はひとりの心理療法家として生きる私という人間が、精神分析的な知をその範疇のなかでどのように活用し、それが臨床実践にどのように影響してきたのかを紹介する書物である。

繰り返しになるが、私の臨床実践に精神分析的な思索は確かに役立ってきた。何よりも、この知は臨床家としての私を圧倒的な臨床事実の洪水から救い出し、私にその事態を考えるための視座をもたらしてくれた。

本書はその軌跡について、すなわち私の精神分析的な知との出会いについて記すところからはじめてみようと思う。このようなパーソナルな事情を著書という公共的な場で語ることは、ある意味ではナルシシスティックな所業である。だが一方で、私はある臨床家が何らかの学問的・学派的体系にどのように出会ったのかをふりかえることはきわめて臨床的であるとも考えている。なぜなら、こうしたひとつの学問体系をある種の文化と称するならば、心理療法において患者は治療者という個人を超えて、その背景にある治療文化とも出会うことになるからである。そのような文化的な場を供給しようとする治療者が、自身の拠って立つ学問的・学派的体系と自分がどのように交わってきたのかを吟味しておくことは、むしろ不可欠な思索であるように私には思える。

＊

私にとって心理臨床という営みはとにかく苦難の連続であった。

当初の私はさまざまな事情から大学院修士課程に進学することなく心理職としてのスタートを切りだした。臨床心理士指定校制度がはじまろうとしていた時期であり、現場は有資格者と無資格者が入り乱れて混沌としている時期であった。私は非常勤職をかけもちしながら生計を立てていたが、そのうちのいくつかは心理職を導入したばかりであり、その種の人材をどのように活用していけばよいのかを模索している段階にあった。だからこそ、私のような無資格の人間でも雇用機会を得ることができた。そして、私もまた大学の講義で聞きかじったことやその手の本で得た知識やスーパーヴィジョンをもとに、「心理療法家」に対するイメージをこしらえながら事に臨んでいた。特にその構造的意味を考えることなく「週一回五〇分の心理療法」を実行し、本のなかに頻繁に現れる「受容」や「共感」や「傾聴」といった姿勢を維持するように努めた。とにかくすべてが手探りだった。

だが、私が出会う患者もしくはクライエントは、専門書の記載にあるような変容過程へと向かうことはなかった。そもそも私が導入する心理療法は中断にまみれていた。何の理由も語らずに去っていく人もいれば、私があてにならず、その支援にまったく意味を感じられないことから来談を取りやめる人もいた。そして、大抵の場合に、これらの訴えは他の支援スタッフから間接的に聞かされることになった。私に直接不満がぶつけられることはなく、それゆえに中断理由について話し合うことも、継続を説得することもままならなかった。

そして、私は自身の訓練不足やパーソナルな問題がこのような事態に少なからず影響しているという事実に直面することができないでいた。自身が大学院トレーニングを通過していないことは自覚していたが、そのことがどのように目前の困難と結びついているのかがわからなかった。それ以前に、訓練と臨床活動を具体的に関連づけて考えようとする視座自体を欠いていた。無論、大学院トレーニングが訓練のすべてではなく、それを通過していなくても優れた臨床家が存在していることは確かな事実である。だが、いずれにせよ、訓練が十分に行き届かないことの弊害は、臨床家としてのスキルや理論的知識の不十分さという問題以上に、自分に何が欠けており、何が問題となっており、何を訓練していけばよいのかを考える手づるがそもそもからして失われてしまうことにあるのかもしれない。

それでもしばらくすると、ごく少数ながらも継続的に私とのセッションに取り組もうとする患者が現れてきた。私は少しずつ心理職としての手応えを感じはじめていた。しかし、このことは別の苦難をもたらすことになった。最初はそれなりに信頼を寄せて私との心理療法に漕ぎ出したかにみえた患者が、私のある発言や行為を境にその態度を一変させた。私を罵倒し、的確なアドバイスが得られないことへの不満を訴え、ときに危険な行動化に走り、症状を増悪させるような事態を引き起こすようになった。行動化は暴力的な言動、自傷、自殺企図、性化行動、さまざまな対人トラブルや反社会的行動など多岐にわたって展開された。それは私が勤める支援機関やセラピールーム内でも巻き起こった。ある患者はセッションの終了時刻が過ぎても話し続け、「納得のいく答え」を得るまでいつまでも退室しようとしなかったし、別のある患者は他患やスタッフとトラブルを起こし、そのたびに自身の言い分を私に涙ながらに訴え、その事情を当機関内の関係スタッフ全員に納得させることを望んだ。さらに別の患者は私に対する苦情をさまざまなスタッフに説明してまわり、私とスタッフの関係を相当に難しい状態へと追いこんでいった。そして、さらに別の患者は私とのセッション後に施設内のトイレでリストカットを行い、遂には私の目前で剃刀を手に当てるようになった。それは学生時代に思いえがいていた、静謐な空間で、しっとりとした情緒を行き交わせ、これまでに考えもしなかった理解をふたりで生みだしていくような営みとは掛け離れていた。私にとって心理療法は強烈な圧力と緊張にたえず晒される営みであった。

今ではこのような危機をもちこたえていくことにこそ、心理療法の決定的な意義がはらまれていると思えるのだが、当時の私はこの苦境への対応策の獲得に奔走した。問題に対する具体的な解決策を呈示してくれそうな著書をかき集め、技法書と呼ばれるものを片っ端から読んでそのテクニックを学ぶことに腐心した。結果、一部の患者との心理療法はそれなりに円滑に事が進むようになった。だが、別の一群の患者とは相変わらず困難な状況が続いた。彼らとの関わりに対しては、その手のセミナーや本で学んだ知識ではまったく歯が立たず、事態は悪化の一途を辿った。

現場に出てから数年を経て、ようやく私は夜間の臨床心理士指定校大学院への進学を果たした。その大学ではさまざまな学派の教員が揃い、そこで教えられるすべてのことが現場で活用できるように感じられた。ただ、そのなかでも特に衝撃を受けたのが、ある教員の精神医学の講義であった。その教員は精神分析を専門としていた。精神分析を軸としたその講義によって、これまで味わってきた苦難の多くが明瞭に説明されたように感じられた。大袈裟でなく、ほとんどすべての事象が輪郭づけられたような気がした。無論、それは――ウィニコットのいう原初的錯覚と同様に――錯覚にすぎないのだが、精神分析の知を生きる人にはじめてふれた体験は、確かにこれまでの私の臨床的理解を大きく塗り替えることになった。

とりわけ私が感銘を受けたのは「転移神経症」(Freud, S., 1914) という概念であった。患者のなかの病理的な心的事態や対人関係の在り様が、治療者との関係性や治療の場に展開されるというこのアイデアは、考えてみれば当然のことであった。だが、私はこの概念との出会いに新鮮な驚きと発見の感覚をもった。

そのような経過のなか、私はさらに衝撃を受ける精神分析的な記述に出会った。我が国の精神分析家である藤山直樹の著書『精神分析という営み』(二〇〇三) のなかにそれはあった。彼はその著書の第一章にて以下のように記している。

> 私たちはこころの臨床の営みのなかで、まれならず言葉では表現し難い「恐ろしさ」に遭遇する。「それ」は語ることができない、とらえどころのない、不合理な何かである。

臨床を始めて五年後に、私は精神分析の勉強を始めた。セミナーで教えられ、本を読めば、たえず転移と逆転移の話が出てくる。私にとって、転移というものがあること、それが私たちの治療場面や日常生活にたえず現れ出てきていることは、理屈のうえではごく当然のことのように思えた。

だがそれは、いま考えてみると、転移や逆転移を理解しているということとは本質的に違っていた気がする……そうした本やセミナーで前提とされているのは、転移が白地の「スクリーン」としての私－治療者の上に投げかけられ、それを私が読み取る、という体験のされかたであった。

そのような前提に立つとき、転移はあくまでも「ひとごと」である。したがって、私にとってそのように体験される転移というものと、私がときどき体験している「恐ろしい『それ』」とが私のなかでつながることはなかった。

この記述を読んで、すぐさま私は自分もまたこの著者とほとんど同じような事態を体験していると思った。私もまた転移と逆転移については知っているつもりでいた。その関連の著書を紐解けば、確かにこれらの用語はどこにでも現れたし、患者の内部に蔓延《はびこ》る過去の対人関係の在り様が現在のさまざまな対人的事態に影響を与えるという考えに特に違和感はなかった。

だが、藤山と同様、私もまた不思議なほどに日々の臨床活動のなかで自分が味わっている苦難をこの転移という概念と結びつけて考えようとはしてこなかった。というのも、私が体験していた苦難は「患者の内部」のことだとは到底思えない、とても他人事《ひとごと》にはしえないような圧倒的な直接性を帯びていたからであった。患者が私を責め立てるとき、そのことを患者に怒りを感じさせる母親との関係が転移されているとか、迫害的な対象関係が裏返しの形で再演されているなどといった視点から考える余地は私にはなかった。ただひたすらに自分がまずいことをしたのだと感じるばかりであった。そこには自分こそがこの事態を招いたのだという疑いようのない当事者性があり、そうでありながら、いざ事が起こってしまえば自身の力ではどうしようもなく、ただただ途方に暮れるしかないような強い無力感を味わい続けていた。それはとてもではないが「患者の内部」のこととして解釈できるような代物ではなかった。それはまごうことなき確かな「事実」として感じられるものだった。

しかし、そのような事態こそが「転移」であり、治療の可能性を携えた「転移神経症」であるという理解を得たことで、私は自身の臨床体験の意味を考え、それを言葉にする糸口をつかんだ感覚をもった。そして、これまで味わってきた苦難は単に心理療法の進行を差し止めるものでも、とにかく解消されるべき厄介事でもないと考えるようになった。もちろん、そこには私自身の治療者としての未熟さや不備が関与している場合が大半だろう。だが、それだけではなく、この心理療法に巻き起こる困難自体が患者の苦難の歴史と何らかの重なりを示している場合もあるのだろう。いずれにせよ、その場に巻き起こった苦難を抱えることこそが心理療法であり、そこに患者の苦難が受肉するとき、心理療法はその本質的な意義を発揮するのだろう。人生に苦しみ、人生に行き詰まった人々との心理的支援に苦難や行き詰まりが生じるのはある意味では当然であり、私にとってこの営みは患者の人生にふれ、それを生きていく時間として位置づけられていった。

この先に呈示する臨床素材の多くは、こうした時期に出会った患者との心理療法体験を形にしたものである。

*

精神分析と遭遇してから現在までのおよそ一〇年のあいだ、日中は臨床に取り組み、夜間にその体験を書き綴ることが私の生活サイクルとなった。このような執筆作業は何よりも臨床家としての私に大きな益をもたらした。当初の私は自分がもっとも対応に苦慮したパーソナリティ障碍患者との心理療法プロセスを類型化し、各々のパーソナリティ障碍患者との営みにおいていかなる事態が巻き起こるのかを明確にしようとしていた（上田、二〇〇九、二〇一〇、二〇一二）

だが、この作業を蓄積するなかで、次第に私は彼らとの心理療法それ自体にそなわるある種の「原理」らしきものの一端をつかみはじめたような気がしてきた。あらゆる患者との心理療法において大なり小なり行き詰まりは生じ、その行き詰まりに対峙しているうちにいつしか治療の転機となる局面が去来し、患者と治療者の双方が本質的な変化を被《こうむ》ることになる。このような心理療法モデルが私のなかに徐々にこしらえられてきた。もちろん、この行き詰まりと転機は一度で済むような話ではなく、何度も質と形を変えながら交互に、ときには重なり合いながら展開していくもののようであった。米国の精神分析家トーマス・オグデン（一九八九）が「それぞれの洞察が、すぐさま次の抵抗を生みだす」と語ったように、行き詰まりを超えることは、同時に次の新たな課題や行き詰まりの序曲になるのだろうと考えるようになった。

本書で私が取り組もうとしているのは、ここまで述べてきたような心理療法におけるさまざまな形の「行き詰まり」を輪郭づけ、この事態に対する生産的な転機の芽生えとなる「治療機序」についての思索である。そして、本書にて私はこの種の転機もしくは治療機序を「きわめて本質的な心的交流が起こる事態」として捉えている。

無論、その場に患者と治療者というふたりの人間がいる限り、心理療法という営みには最初から何らかの交流が生起している。それが互いに信頼を寄せ合う陽性のものであれ、怒りや蔑みに満ちた陰性のものであれ、あるいは何ひとつこころ通い合わせていないような交流であれ、とにかくそれは生じている。

だが、ここでいう「本質的な心的交流が起こる事態」とは、その局面に至るまでのふたりの交流の在り様とは根本的に質を違えた「心的交流」が立ち現われる事態を指している。それはこれまでのふたりの交流の在り様やそれぞれの在り方が、改めて問いなおされ、考えなおされ、そのなかで患者と治療者のふたりが改めて出会いなおされる瞬間を意味している。何故ふたりの交流はそのようなものであったのか、何故患者と治療者はそのようであったのか。いつのまにか「そういうものだ」と当然視していた事柄を、この局面で患者と治療者は——あるいは、患者でも治療者でもない面接室内の第三項的な存在が——もう一度問いなおすことになる。そして、それは新たな理解とそれを受けとるための新たな視座の萌芽となり、患者と治療者双方が互いの生きた人間的な感覚を体験する場と化していく。

本書はこうした心的交流が起こる場もしくはモーメントに対する考究となるが、ただし、ここではそのような局面を意図的につくりだすための方策や、何らかの困難に対する解決策を論じるつもりはない。というよりも、そもそも私は――あらゆる対人関係や人生というものがそうであるように――心理療法に巻き起こる事態を治療者の思惑に沿って動かしていくことなど原理的にいって不可能であると考えている。本書で紹介する「こころ」という不確定要素が多分に入り混じった「何か」と対峙していこうとする心理療法の場合には尚更そのように感じられる。本来的には心理療法内に出現する関係性やプロセスを私たちは意図的にコントロールすることなどできない。それは私たちの意図や画策を超えて展開するきわめて自生的な現象であり、その意味でここでの関係性やプロセスはそれ独自の生命を宿しているといえるだろう。

心理療法という営みは患者と治療者のふたりによって紡ぎだされていく。同時に、その営み自体がいつしか患者と治療者を超える形で固有の生命感をもち、患者と治療者のふたりをそれぞれに新たな存在へと変形させていく。オグデン（一九九四）はこうした心理療法空間やプロセスを独自的に生成し、その空間内のふたりに影響を与える作用を「分析の第三主体」として概念化した。心理療法に取り組むことは、私たちがその種の第三項を創造しながら、一方で私たち自身がそれによって新たに創造されていくプロセスへの参入をも意味している。

このことは心理療法という営みが本質的には受身的な過程であることを物語っている。私の経験では、変化の局面において患者と治療者のふたりが体験することは、この種の決定的な受身性である。その局面において、私たちは唐突に去来した何らかの新たな出来事に遭遇する。それは私たちを驚かせ、たじろがせ、戸惑わせる。だが、その揺れをもちこたえたとき、私たちはきわめて人間的な体験を享受する。このことは自身の意図や欲望を超えた形でこの世に産み落とされ、産道を潜り抜けた先に広がる世界の衝撃に晒され、その衝撃を母親によって丸ごと抱えられることで未知なる世界を生きはじめる赤ん坊の体験ともおそらく符合している。心理療法という営みは、こうした自らを超えた体験に人間的な形を与えようとするひとつの試みである。そこには決定的な受身性とその体験を尚も形にしようとする主体の能動性とのせめぎ合いが生起する。

このような営みはやはりハウトゥ的な観点では捉えきれないはずである。だが、それでも本書がそこに巻き起こる行き詰まりや治療機序について考えようとするのは、その苦難を言葉にして輪郭づけようとすることが、治療者や患者がその苦難を十分に味わい、もちこたえていくことに必ずや貢献すると信じているからである。無論、この営みが私たちの意図や意識的な気づきを超えて展開していく営為である限り、その内部に生じることを――それが本質的なものであればあるほど――網羅的に把握することなどできない。さらにいえば、私たちが心理療法上に展開した行き詰まりをどれほどもちこたえたとしても、そのことが必ず実を結ぶとは限らない。どれだけ抱えても一向に変化の局面は訪れず、私たちは何の意味も感じられない不毛の作業に長い年月を費やすことになるかもしれない。ゆえに、この営みはやはりそうやすやすとは明確なアウトカムを想定した方法論にはなりえないような気が私にはしている。

無論、私もまた自身が提供する心理療法の場を通じて、患者が僅かにでもその人生に生産的な何かを感じていけるようになることを願っている。この生産性のなかに自身の仕事の本質的な根拠を見いだしている。だが、それはときに叶わぬこともある。痛みのままに、長い不毛のままに、心理療法は彷徨うことになるかもしれない。

しかし、私はこのような不毛のなかにも、あるいはこの不毛のなかにこそ、この仕事の専門性とその価値がはらまれていると考えている。こうした長い不毛の時のなかで、それでも患者とそこに生起する出来事に関わり続けていくことがこの仕事のもうひとつの本質であり、これこそが他に類をみない私たち独自の専門性のひとつになっていると思われる。

そして、本書の「行き詰まり」と「治療機序」をめぐる思索は、あるいは「心的交流」が起こり、「生きた人間的な体験」が立ち現われる事態についての考究は、このような意味での専門性に寄与することになると私は考えている。

第一章　心理療法空間を支えるもの

心的現実と外的現実の狭間で

我々は分析によってリビドーがそこに固着し、症状を形作っている幼児期の体験知を症状から理解していくことになるが、意外なことはこの幼児期のある情景が必ずしも常に真実ではないということです。むしろ、真実でない場合の方が多く、あるときには歴史的な真実とは真反対のこともあるのです。

……もし、分析によって明らかにされた幼児期の体験がいつでも必ず現実のものであるならば、我々は安全な地盤のうえで動いているという感じがするでしょう。しかし、それらの体験が偽りのもので、患者の作り事であり、空想であることがわかってくると、我々はこのあやふやな地盤を捨て去って他の安全な地盤へと脱出せねばならなくなるでしょう。ところが実際はそのどちらでもなく、分析によって構成もしくは想起された体験は、あるときには明らかに虚偽であるが、ある場合には確実に正しいものであり、大抵の場合には真偽が混交しているというのが事態の真相なのです。

……我々が明らかにすべき幼児期の体験が空想なのか現実なのかはとりあえずおいておこうと提案しても、患者がそれを理解するには長い時間がかかります。しかし、それこそがこれらの心的産物に対する唯一の正しい態度なのです。これらの心的産物もまた一種の現実性をもっています……これらの空想は物的現実とは対蹠的に心的現実性をそなえているのです。そして、神経症においては心的現実性こそが決定的なものであるということを我々は次第に納得することになるでしょう（Freud, S., 1916-1917）。

一八九七年九月二一日付のフリース宛の手紙のなかに明示したように（Masson, 1985）、フロイトは心的外傷論から内的欲動論へとその思索の軸足を転換していった。以降、精神分析は主に患者の心的現実をターゲットにしてその実践を積み重ねてきた。

精神分析事典（Moore, B. E. et al. 1990）によれば、心的現実は「現実のひとつのバージョンであり、外界に由来する知覚と内界に由来するファンタジーとの交互作用」からつくりあげられた「その個人の主観的な体験世界」と定義づけられている。精神分析的なセラピーに取り組もうとする限り、やはり私たちはこの種の心的現実への介入を、すなわち患者のこころの世界、その内容、そのメカニズム、その主観的な体験様式に対する理解の練り上げを目指して事に取りかかろうとするはずである。そして、彼らとのあいだでそのような形のアライアンスを築こうと努めるはずである。これらはすべて、患者が「自らのこころを知る」という目的に適った治療的態度となっている。

このとき治療者の役割は、患者と共にいて、何かを感じ、考え、解釈することとなる。ゆえに、一般的な「相談事」のような営為のなかで自然になされる何らかの助言や保障、問題解決のための具体的な支援などは基本的には差し控えられることになる。なぜなら、これらの行為は「自らのこころを知る」という目的に反する事態を招きかねないからである。いま患者をひどく悩ませている何らかの問題が治療者の手で解消されたならば、患者はその困難が一体何だったのかを、自分にとってどのような意味があったのかを、それ以上考えようとはしなくなるかもしれない。あるいは今後似たような問題が生じた際も、ふたたび治療者のような人物の手を借りることで事態を凌いでいくことになるかもしれない。このような危惧は、「症状を挫折させられた欲求の代理満足」として捉え、それゆえに「分析療法は可能な限り禁欲のうちに行われなければならない」と説いたフロイト（一九一九）の禁欲原則に端を発している。精神分析において供給されるものは、あくまで何らかの「理解」であり、患者は自身の現実的な生活や人生に関しては自分でやりくりしていかねばならない。このようなある意味では当然の事実を前提として精神分析という営みは進められていく。

とはいえ、ときに治療者は患者の心理療法外で巻き起こった出来事に具体的に対応せねばならないと感じさせられる事態に直面する。ときに外側の対人関係の調整を求められ、ときに何らかの助言や保障を行う必要性に迫られる。そして、そのような対応が求められるときのほとんどが、自死の可能性や他害行為、反社会的行動の発生、生活を一変させかねない対人トラブルの生起、支援機関内での破壊行動といったある種の危機と結びついていることは異論のないところだろう。

このとき私たちは自身の治療者としての在り方を明確に問われることになる。さまざまな形の実際的な危機に見舞われたとしても、あくまでその事態を患者の空想、幻想、対象関係、転移関係からの派生物として理解し、解釈を通じて扱っていくような分析的態度を維持するのか、はたまた外的状況の変化に応じてパラメーター（Eissler, 1953）やマネージメント（Winnicott, 1956）を導入するのか、という介入法の差異に関する議論は、この分野における相当に悩ましいトピックとなっている。

ただ、ここでどちらの介入法が有効かつ適切であるのかを問うたところで、私たちにはそれを知る術はない。なぜなら、ある事例の、ある状況の、ある瞬間における介入法の是非を比較試験することは原理的にいって不可能だからである。臨床においては、私たちはたえずその場限りの一回性の体験を生きるしかないからである。

おそらくはどちらの介入法もときに有効であり、ときに何かを欠落させるというのが実際のところだろう。では、ユーザーの言動や要望に沿って臨機応変に対応していけばよいかというと、事はそう単純ではない。その言動や要望が彼らの病理と結びついている場合やそうした要望に具体的に対応していくこと自体が、先述したような「自らのこころを知ること」を阻害するだけでなく、患者の病理的な心的世界や対象関係にもとづいている場合があるからである。あるいは逆に、患者が連想し、治療者が解釈するというこの伝統的スタイルそのものが彼らの病理的な対象関係に絡めとられていく場合もある。

このように考えたとき、私たちが検討すべきことは、ある介入が有効にはたらくための素地ないしは前提となる条件ということになるはずである。以下にそのようなことを考えるうえで示唆に富む臨床素材を呈示してみようと思う。この素材は私が精神分析的な知見を心理療法のなかで活かそうとしはじめたころに経験した事例である。

事例「終わりの宣告」

患者は抑うつと子どもの養育についての不安を主訴とした既婚女性である。彼女は夫と幼い娘と暮らしていたが、娘に対して時折抑制し難い怒りを感じ、叱責がエスカレートして暴言に変わることを悩んで私のもとを訪れた。そして、その怒りに対する強烈な罪悪感が抑うつ感と結びつき、彼女の生活全般を停滞させていた。

彼女の父親は仕事のために不在がちで、欲求不満や困難が生じるたびに家族に向けて暴力的な言動をとる人として、母親は支配的で冷淡な人として語られた。

両親の関係は完璧に冷え切っており、父は母に対して侮蔑的であった。母は仕事上のキャリアを結婚によって放棄させられたことを恨み、しばしば患者に「私の人生はあなたの父親に殺されたようなものだ」と漏らしていた。また、姉は極端な同胞葛藤のなかで患者をたえず否定していた。そして、成人後に姉は精神病を発症し、家族に破壊的な混乱をもたらした末に入退院を繰り返す生活を送っていた。

一家は父の仕事の都合で転居を繰り返し、彼女は転校のたびにいじめられてきた。両親や教師に相談しても通り一遍の対応しかなされず、いつしか彼女は誰にも頼ることなく、人との親密な関係を避けて学校生活をやりすごすようになった。そして、彼女が思春期に差しかかったころに両親の不和は決定的なものとなり、父の幾度目かの転勤を機に両親は別居することになった。患者と姉は母と生活を共にしたが、両親の決裂は彼女のなかで何よりも辛い経験となった。どれだけその関係がこじれていたとしても、それでも両親が共に暮らしているという事実が彼女にとって大きな救いとなっていたからであった。

大学入学後はこうした陰鬱な生活を払拭しようと努めて明るくふるまい、友人にも恋人にも恵まれた。だが、しばらくすると彼女は年上の有能な社会的キャリアをもつ男性と同世代の男性とのあいだで恋人関係を重複するようになった。この関係は数年続いたが、罪悪感の高まりと共に最終的には彼女の方から両者とも関係を断った。学業を終えて就業したが、次第に彼女は自分ばかりが不当に膨大な業務を課せられていると感じはじめ、抑うつ状態に陥った。しかし、当時知り合った現在の夫との結婚を機に辞職すると、その状態は自然に解消されていった。

結婚生活は大過なく営まれたが、出産後、彼女は夫の仕事の多忙さや子育ての苦労を十分に理解していない姿に憤りを覚えるようになった。そこから夫が浮気をしているのではと猜疑心に駆られ、極度に不安定な状態となった。また、娘が幼稚園で不適応状態となり、躾《しつけ》の不十分さを悔いるようになり、いつしか娘を罵倒するようになった。そのたびに彼女は強力な罪悪感を抱き、自死への想いを高めていった。そのうちに夫への疑惑が晴れると、抑うつ感はいっそう顕著となり、私と出会う数カ月前に夫の仕事の都合で転居してからは生活自体ままならなくなった。家事や子育ては夫の実家に全面的に委ねられていた。

夫の勧めで精神医学的治療を開始し、主治医からの紹介を経て、彼女は私との心理療法に入ってきた。数回のアセスメント面接にて上記の内容が報告され、「自分が何故こんな状態になったのかを考えたい」と彼女は訴えた。それを受けて、私は週二回の対面による探索的な心理療法を提案した（夫の家族が患者宅に頻繁に通っていたことと、実際には子どもへの暴言は稀であることから、主治医の判断のもと、虐待通告はひとまずおいておかれることになった）。彼女は合意したが、週二日のうちの一日は夫に子どもを預ける必要があった。私はこの設定自体が家族に負担をかけ、彼女の罪悪感を強化する可能性にふれたが、彼女は「それは確かにあります。でも、夫も子どもも協力してくれるということで、いまはそこに頼りたいと思います」と述べ、この設定にて契約は結ばれた。

初回のセッションにおいて、患者は自由連想法の教示に戸惑い、しばし何も語れずにいた。いかにも切迫し、困惑している様子であった。長い沈黙の後、彼女は幼い娘への憤りや娘に辛くあたることへの罪悪感、あるいは集団内で孤立しがちな娘への憐憫の情を吐露しはじめた。そして、「結局は母親と同じことをしている」と苦悶の表情を浮かべた。私は娘の痛みは彼女自身の痛みでもあるのだろうと伝えた。すると彼女は「そうですね。多分わかってもらいたかったんです。理解されないことが一番苦しいことです」と涙し、子どもへの関わりを私からも咎められる不安があり、むしろ自身の養育者としての在り方を罰してもらうためにセラピーをはじめようとしていたのだと思うと語った。私は彼女がここで自身の養育姿勢に対する懲罰を受けることで、その罪悪感から解放されようとしていると同時に、そのどうしようもない衝動を私に止めてもらいたいとも感じているようであることを伝えた。彼女は激しく泣き、その後は幾分落ち着きを取り戻していった。

ただ、開始から一カ月のあいだに、彼女は急速に退行し、家でひとりきりのときに強い焦燥感と不安を覚えるようになった。勤務中の夫に頻繁に電話をかけたり、セッションでは僅かな沈黙すらも耐え難いことをしきりに訴えたりした。セッションでの沈黙は彼女にとって「まったくひとりに捨てておかれている体験」となっており、私はこうした事態をときに彼女の生育史内での体験と結びつけながら言葉にしていった。

次第に彼女は自身の甘えや依存が周囲に多大な負担を強いていることを恐れるようになった。とりわけ「夫に子どもを預けてセラピーに通う」という設定自体が彼女の罪悪感を強化する要素となっていた。そして、このような経過のなかで明らかとなってきたのは、結婚当初の夫との関係は退行許容的なものであったが、娘の誕生によってその状況が一変したこと、それは彼女の「養育者」としての夫の喪失であると同時に、姉との同胞葛藤の再燃を意味していたこと、あるいは治療者への依存の高まりと共に、夫、彼女、治療者の三角関係がかつての重複した恋愛関係と重なり、強烈な罪悪感が喚起されるといった事柄であった。さらに彼女は自身のあまりの依存の強さゆえに、このまま大人のこころを取り戻せずに、自分が自分でなくなってしまう不安があるとも語った。

ただ、それでも彼女はセッション内でさまざまな理解を積み立てていくなかで、少しずつ安定の兆しをみせはじめた。だが、開始から数カ月を経たころに、彼女は親族間のトラブルに巻きこまれた。両親に頼られる形で親族間の関係調整に努めたが、事態は膠着するばかりであった。その際に夫があてにならなかったことに憤慨し、彼女は夫への不満を高めていった。私はこの事態を「彼女の現実的もしくは内的な家族状況をマネージメントしえない治療者」＝「夫」＝「内的対象としての両親」という転移の文脈と結びつけて取り扱ったが、こうした介入は十分に奏功することなく、次第に彼女はその憤りを実際に夫にぶつけるようになり、必然的に夫婦喧嘩が絶えなくなった。セッションでの彼女はこれまで自分なりには良妻を演じてきたこと、そして、その偽りの姿が破綻し、互いが互いの人生に悪影響を及ぼすならば離婚するしかないと感じていることを吐露し、ふさぎこむようになった。

私は離婚の可能性を危ぶみ、彼女の夫婦関係をつなぎとめておく必要性を強く感じていた。このことは私が「親族間のトラブルを調整する彼女」のみならず、「両親の別居を目の当たりにする子ども時代の彼女」の位置に立たされていることを意味しているようであった。だが、こうした理解をふまえて彼女の痛みにふれたところで事態は好転することはなかった。家庭内での彼女の荒れはますます激しさを増していった。

そこからさらに一カ月を経過したころのあるセッションで、彼女は「夫と一緒にいても、ずっとひとりぼっちだと感じていました。でも、生まれたときからずっとそうだったのかもしれない。誰かといて……むしろ、誰かといるときの方が孤独を感じます」と語った。それから先日の家庭内でのある出来事を報告した。それは彼女が娘を叱責し、夫が彼女からかばうために娘を抱き上げたときのことだった。娘をかばう夫に患者は憤りを覚えたが、さらに娘が夫の抱っこを嫌がったときに彼女の怒りは頂点に達した。力任せに娘を夫から引き剥がし、「こんなに大事にされてるのにっ、何が不満なのっ」と彼女は娘を激しく罵った。その姿を見て激昂した夫が彼女を平手打ちし、以降彼女の記憶は断片的になったという。

彼女は自身のなかに「攻撃的で、混乱しきっているもうひとりの自分」がおり、その自分がもはや抑制が効かなくなっていると述べた。激しく嗚咽《おえつ》しながら、昔、父が「母は狂っている」と彼女に度々耳打ちしていたエピソードを語り、自分こそが母と同様に狂っているに違いないと叫んだ。そして、「もう、バラバラになりそうですっ。何も考えられないし、何もわかりませんっ。もう、全部捨ててしまいたいっ」と両手で顔を覆った。

場は多大な緊張に満ちていた。長い沈黙があった。このときさまざまな理解が私の脳裏をよぎっては消えていった。最初に浮かんだのは保護的な――その保護を受けとることも拒絶することも自由な――環境を保障されている娘への羨望と「攻撃的で、混乱しきっているもうひとりの彼女」を誰にも抱えてもらえないことによる彼女の痛みであった。あるいはこの話は父と娘としての彼女が結託して（結託させられて）母を排除するという動きから、いまや彼女こそが「狂った母親」として傷ついた母親と同一化し、排除されつつあるという動きへの移行を示す話のようにも感じられた。そして、娘としての彼女は父との結託にひそかな悦びを感じると同時に、母を傷つけた罪悪感をも背負うことになり、それゆえに混乱しきっていたのかもしれない（そして、患者が自身の娘を夫から引き剥がしたように、娘に投影していた彼女の子どもの自己は傷つけた母親から報復されているのかもしれない）。それは転移を介して、私と夫をめぐる彼女の対人的な事態のなかにも立ち現われていたのかもしれない。彼女のこころを覆うのは、これほどに良き母親として生きることを切望しながら、それが叶わぬことへの絶望なのかもしれない……こうしたさまざまな理解が私のこころに浮かんでは消えていった。

だが、そのなかで私が確かに感じているのは悲しみであった。私は「そのときのあなたはただ悲しく、どうしようもなく、だからこそ苦しかったのですね。そして、いまもそうなのですね」と伝えた。

彼女はしばらくむせび泣いていたが、呼吸は少しずつ整えられていった。彼女は「ここでわかってもらえればもらえるほどに辛くなります」と言った。私は彼女がそのこころをここで抱えてもらうことを望む一方で、その想いが高まるほどに夫との関係において引き裂かれそうな痛みを感じざるをえないことを解釈した。そして、この痛みが父の耳打ちや父母の別居時の彼女の心境とも関わっているように思えることを伝えた。

彼女は長い黙考の後に、両親の互いに対する悪口を聞き続けていたのは、そうすることで両親が懐柔し、そのつながりを修復させるかもしれないと考えていたからだと述べ、「でも、私こそが家族をバラバラにしていたのかもしれませんね」と寂しげにつぶやいた。

以降のセッションでは、彼女は自身の「狂っている部分」に対する恐怖について語るようになり、その際に思春期のころに姉が触法行為に至って拘留されたときのことを連想した。このとき狼狽した母と彼女は単身赴任中の父に助けを求めた。しかし、父は仕事を理由に姉の身柄引き取りを断り、この出来事ゆえに、自身の「狂っている部分」は誰にも受けとってはもらえないと彼女は感じていた。

セッションは重苦しい雰囲気に包まれていた。彼女の家族は依然として不安定なままであった。これまで絶対的に頼りにしていた夫は、いまや卑屈で、弱々しく、彼女の苦痛をそのまま押し返す対象として彼女には感じられていた。そして、おそらくは私もまたそのような対象のひとりとなっていた。

このような状況は数カ月にわたって続いた。開始から八カ月が経過したころのセッションで、彼女は家族状況が限界であることを告げ、治療者こそが彼女の気持ちを夫に的確に伝え、さらには夫が抱える苦しみも十分に理解できるに違いないと述べ、セッションへの夫の同伴を望んだ。そして、この要求が叶わないならば、心理療法を中断するしかないと訴えた。

場はこれまでにないほどの緊迫感に包まれていた。私はマネージメントの必要性を強く感じた。だが、分析的な設定を維持し、いまここにある圧力をもちこたえ、この申し出にこめられた彼女の想いを理解していくこともまた重要な治療姿勢のように感じられた。この要望を承諾すれば、彼女や夫やその娘や私の苦境はある程度緩和されるかもしれない。そうでなければ、私は家族の危機に仕事（＝分析的な設定を維持するという「仕事」に固執する治療者）を理由に駆けつけず、そこに具体的な手を差しのべない父親と同様となるのだろう。だが、その苦痛を解消したところで、それは「通り一遍の対応」をするだけの彼女の生育史上の支援者像をなぞるにすぎないかもしれない。そして、こうした私のなかの引き裂かれた思考の在り様は、それ自体が彼女自身の引き裂かれそうな自己の、すなわち心理療法内での彼女と家庭内での彼女の、あるいは子どもの自己と大人の自己の、あるいは内的父親と内的母親の、そうした諸々の自己の隔絶とその苦痛を反映しているのかもしれない。

このような迷いのなか、私は結局のところ設定の意義を信じることにした。つまりはこの申し出に対して、大切な存在である夫や子どもを彼女自身の狂いの部分から私の手で救い出してもらいたいと願っていることを、と同時に、夫の同伴を叶えてもらうことで、彼女自身の引き裂かれそうなこころを私にまとめあげてもらいたいと願っているようにも思えることを解釈した。

しばしの沈黙後、「先生は私の要求に応えてはくれないだろうと思っていました」と失望を滲ませた声でつぶやいた。そのまま重苦しい沈黙が流れた。

翌回のセッションで、彼女は「この前、本当に冷静に、静かな声で、ちょうど先生のような声で、夫から『これ以上荒れるならもう一緒には暮らせない。子どもは自分が引き取る』と言われました」と話した。そして、「夫にはもうこれ以上甘えるわけにはいきませんね」と寂しげに笑った。ただ、離婚について姑に相談すると、「夫婦であることを簡単に捨ててはいけない」と諭され、その言葉がいまの自分の確かな救いになっていると彼女は語った。

それからの彼女は淡々とした様子でセッションに赴くようになった。所属する子育てグループに必死で適応しようとすることで自分がわからなくなってしまうことや、あるいは周囲の何からも煩わされずにひとりでストーブの火を見つめる時間が幼いころからの至福の時間であったというエピソードなどがぽつりぽつりと語られていった。家庭状況は依然として逼迫していたが、そのことを十分に取り扱うことはできなかった。ひたすらに生きることの虚しさが吐露されるばかりとなり、セッションはひどく寒々とした雰囲気となっていた。

しかし、開始から一〇カ月が経過したころの、長期休暇後のセッションでの彼女は一転してひどく緊迫した様相を呈していた。最初に彼女はあるトラブルによって母親と絶縁状態になったことを報告した。それから僅かに震える声で、彼女はこの心理療法の中断を申し出た。これ以上自分が変化できるようには思えず、これ以上家族に負担をかけることもできず、そして何よりも治療者にはまだ家族がいないように見え、彼女のことを真に理解することはできないように思えることをその理由としてあげた。

そのとおりであった。この時点で私はまだ家族を設けてはいなかった。

彼女はこの一〇カ月間、自分を抱え続けてくれた夫と私への感謝の気持ちを語った。加えて、「自分さえ我慢すれば良いのだと本当に思えたんです。他のお母さんだって皆そうしているのだから。皆がそれぞれ何かを抱えて生きてる。もちろん、これは逃げかもしれません。でも、私は私のなかの狂った部分から家族を守らなければ」と語った。私は治療者への失望やここで自身の在り様を考えていくことへの彼女の不安や脅威についてふれた。さらに私は彼女が自身の怒りや苦しみやその「狂った部分」から、家族だけでなく、治療者をも保護しようとしているように思えることを伝えた。

彼女はこうした解釈の内容以上に、その言葉にふくまれる私の戸惑いや揺れについて言及した。それから「先生はいつも言葉をくれてますけど、今日はじめて先生のこころにふれた気がします。先生も続けるべきかどうか揺れてくれているのですね」と言った。そのうえで彼女は次回を最後にすると宣言した。

翌回のセッションで、彼女は自分がいかに死んだように生きてきたのかを語った。ただ、多くの母親が淡々と日々の家事と育児に専念し、そこに何らかの悦びを時折感じているのだと思うと述べた。そして、「母はこんな日々に耐えられなかったのかもしれませんね」と言った。それから所属する子育てサークル内で周囲と馴染めないある母親とグループメンバーとの関係調整を図ったことで、彼女までもがグループに居辛くなったエピソードを連想した。人の評価を気にするあまり、したくもない「つなぎ役」をしたので罰が当たったのかもしれないと彼女は自嘲気味に笑った。

私は彼女こそがここでもずっと「つなぎ役」であったことを伝えた。彼女は「ここは大事な場所なんです。でも、家族はぐちゃぐちゃになってしまうし、辛いし、自分が恐いんです。やっぱり私のなかの狂っている部分が恐い。だから、もうやめるしかないのだと思います」と静かに涙した。さらに彼女は自分のことを心底嫌いだが、母も自身のことを認められなかったゆえに子どものことを認められなかったのかもしれないと語り、「だから、私は自分と子どもを認められるようになりたいです。すぐにはできないかもしれません。でも、そうなる必要があります」と言った。そして、母親に戻るためにはこの心理療法を卒業する必要があると語った。

明らかに無理をしているように私には見えた。だが、断固とした彼女の決意も感じていた。というよりも、その決意に圧倒されていた。私はこの心理療法の継続を促すべきだと考えたが、何も言えなかった。しばしの沈黙後、私は彼女の「狂っている部分」とは狂おしくも愛を希求する彼女の叫びであり、それこそが彼女の愛や思いやりの源泉となるものなのかもしれないと伝えた。たとえ、その「狂っている部分」によって、この心理療法が中断されようとしていても、それが破壊的なものであるとはこのときの私には思えなかった。

彼女は長い沈黙の後に「そうであるならば、そんな自分も大切にしないと駄目ですね」と応えた。私はさらにその愛や思いやりこそ彼女が「つなぎ役」になることの動因であり、それが何度も破綻してきたことに彼女の本質的な苦しみがあるように思えると伝えた。そして、今も同じように破綻へと向かっていることを伝えた。

彼女はふたたび長い沈黙に浸った。それから「そうやって受けとってもらえるなら救われます」と応えた。しかし、彼女の中断への決意は揺らがなかった。

終了際に彼女は「私は良い母親になれると思いますか」と尋ねた。私は逡巡の末に「思います」と応じた。彼女は「そうやって励ましてくれたのは初めてですね」と僅かに笑顔を見せて退室した。

*

それから半年後に彼女はふたたび私とのセッションを希望した。単発の近況報告を目的としたものであった。彼女は幾分ふくよかな体型になっており、妊娠初期にあることを報告した。その佇まいは柔和なものとなっていた。夫や子どもとは相変わらず衝突するが、それなりに順境にあることとその後に母とも和解したことが語られた。また、夫の仕事の都合で遠隔地に転居する予定であると述べた。

彼女は私とのセラピーについても言及した。それは辛くはあったが貴重な体験として語られた。彼女は、私が通り一遍のアドバイスをするでもなく、治療者自身の安心のために単に彼女の要求に応えて事態を切り抜けようとするでもなく、彼女自身の苦しみを共に味わってくれていたように思うと語った。ただ、この肯定的にみえる言葉に、私は曰《いわ》く言い難いこころ苦しさを感じていた。

それから彼女は次のようなことを打ち明けた。最初に語ったことは、やはりあの時点でセラピーを終えたくはなかったのだと後で気づいたということであった。

そして、次に語られたのは、ただ、これまでなされなかった私の最後の励ましの言葉が「終わりの宣告」のように響き、それこそがもっとも辛い体験だったという内容であった。

この臨床素材が教えてくれたことを、単に「やはり保障にもとづく介入は心理療法においては本質的に役立ちはしないのだ」という主張や、「たとえ探索的な心理療法を行っているときでも、ときにマネージメントは必要となるのだ」というような議論に落としこむわけにはいかないような気が私にはしている。あるいは、この中断には当然私の臨床家としての未熟さが色濃く反映されているが、その至らなさを内省するだけで終わらせてしまってはいけないようにも感じている。

この心理療法は患者の依存をめぐる葛藤を軸に展開され、ウィニコットのいう「抱える環境」の構築がテーマとなっていた。だが、この「抱える環境」を具体化する治療設定そのものがすでに最初から綻《ほころ》びをはらんでいた。週二日の頻度は患者の家族に多大な負担を強いており、そのマネージメント役を担っていたのが彼女であった。こうした心理療法と家庭との、相反する何かと何かとの「つなぎ役を担う」というテーマは、原家族のなかでも、学生時の恋愛関係においても、子育てサークルのなかでも繰り返されてきたものであった。そして、彼女はそのたびに破綻を経験してきた。私はこの「押しつけられたつなぎ役」を生きざるをえない彼女の在り方とその破綻にともなわれる苦痛を最後まで十分に汲み取ることができずにいた。

このテーマが具体的な形をもって現出したのが、彼女が夫の同伴を求めた局面であった。私はマネージメントを導入することなく、この要望をあくまで解釈によって取り扱った。つまりは生活上の危機に対する実際的な介入ではなく、あくまでその要望を訴えている彼女のこころの動きについて――そのときの彼女の心的現実について――理解しようとし、それを言葉にした。彼女の失望は目に見えていたが、私はこの失望とそれにともなう抑うつ感と喪失感を共に味わうことが重要だと考えていた。こうしたある種の脱錯覚的（Winnicott, 1958）な過程を共にすることがそのときの私の役割だと感じていた。

だが、ここで生じたことは脱錯覚ではなく、外傷的な幻滅（北山、二〇〇一）だったのだろう。その後の彼女の落ち着きと空虚感の吐露は、彼女が過酷な生育史を生き抜くために構築してきた「偽りの自己」の再組織化を示していたように思われる。この局面で私は彼女のこころを確かに抱え落としたのである。

あるいは、そもそもここでの彼女の失望を脱錯覚という文脈から理解していること自体に大きな誤解があったようにも感じられる。この錯覚から脱錯覚へというウィニコットが提唱した発達過程には、その主体の万能的な錯覚状態を維持し、その後に主体の破壊性を生き残っていくという大きな仕事が対象側に課せられている。だが、本素材においてその役割を担っていたのは治療者ではなく夫であった。彼女のなかの狂おしいほどの愛情と依存、それが満たされないことへの怒りと苦痛を一身に抱え、傷つき、疲弊し、やるせなさを感じながらも、それでも対象として生き残り、家族状況を現実的に維持させていたのは夫であった。私は彼女の（ウィニコットがいう意味での）破壊性の蚊帳の外におり、外側から彼女とその家族のなかで巻き起こる嵐を眺め、それを解説する存在にすぎなかった。最後のセッションにて私が発した彼女への励ましが「終わりの宣告」となったのは、「分析的な面接では通常行われない保障をしたからである」というような教科書的な理解に収まるものではなかった。私はこの心理療法において最後まで患者が生きる内的、外的世界の当事者になりえていなかった。彼女の内的・外的世界における生きた対象になりえていなかった。

このように考えたとき、この夫の同伴の要望には、いま彼女が切実に体験している家族の危機を具体的に私にも体験させることで、私を彼女のなかの生きた手応えのある治療者にしようとする彼女の無意識的な努力が反映されていたと理解することもできるのかもしれない。

可能性空間の創造と崩壊

この中断事例から学び、それを建設的な理解に変えうる鍵は何だろうか。

ここまで「夫の同伴」という彼女の現実的な要望に対する内実について考えてきた。確かに夫の同伴を承諾してマネージメントを供給していたならば、彼女の家庭状況がある程度の安定を取り戻し、外的環境の抱え機能が強化されることでセラピーがさらに進展した可能性は十分に考えうることである。とはいえ、その検証はいまとなっては不可能である。ゆえに、ここではそうした臨床的判断の是非ではなく、その判断の前提となっている事柄に焦点を当てて考察してみようと思う。

このとき注目したいのは、この局面で私がある種の「信念」をもって分析的設定の維持に努めたことである。当時のプロセスノートにもはっきりと「信じることにした」という言葉遣いでこのことは表現されていた。そうすることが分析的臨床の実際であり、義務であり、必然であるという感覚がここにはあった。というよりも、このときの私はその感覚に侵食されていた。そして、この種の必然の感覚に私が、あるいは彼女もまた暗黙裡に支配されていたということ、それこそがこの心理療法のもうひとつの重大な問題であったように私には感じられる。

ウィニコット（一九七一）がいうように、精神分析や精神分析的な心理療法は遊びの感覚を基盤に営まれるひとつの特殊な文化的空間によって構成されている。そして、このことは転移の生成される場を「遊び場」と称したフロイト（一九一四）の考えともおそらく通底している。この考えには転移が生々しいリアルな質感をそなえつつも、あくまで遊びの感覚のなかで生起される空想的産物でもあるという視点が内包されている。分析空間内の出来事はきわめて現実的でありながら、非現実的でもあるという逆説によって成立している。そこで私たちは事態へのさまざまな見方、感じ方、考え方を遊んでいる。それは矛盾や逆説や対立を一様にふくみこんだ空間でもある。

ウィニコットはこうした分析空間の一側面を「可能性空間（potential space）」という概念によってつかみだした。それは「そうすることが必然である」という感覚に覆われた空間とは対蹠的な空間である。この心理療法においては、治療者も患者も必然性の感覚に浸されていた。彼女は夫を連れてくるしかなく、私は分析的態度（と思われるもの）を維持すべきであり、そうすることが自明の事実となっていた。ここには心理療法空間を支える可能性空間の崩壊が如実にみてとれるように思われる。

可能性空間の起源は発達早期の母子の交流におかれている。渾然一体となっていた母子が分離しはじめるとき、可能性空間は母親の外在性、すなわち乳児とは独立した形でものを感じ、考え、生活を営んでいる母親の側面に急激に晒されることによる侵襲性から乳児を保護する機能を有している。心的現実と外的現実、外在性と内在性、私(me)と私でないもの(not-me)という内と外とが同時に収められた移行的な空間があってこそ、人は事態を象徴的に思考し、新たな感じ方、考え方、体験の仕方を創造することに成功する。心理療法においては、それは外的な困難や脅威に対する緩衝体となっている。この可能性空間の創造と維持、すなわち外的な事態へのダイレクトな取り組みを一時棚上げし、さまざまな理解や体験を遊ばせることのできる空間の保障こそが、心理療法のもつ発達促進的な意義の一翼を担っている。

この議論にさらに明確な形を与えたのがオグデン(一九八六)である。その理解によれば、可能性空間の崩壊は事態を象徴的に思考することから私たちを疎隔する。それは象徴、象徴されるもの、それを解釈する主体という三つ組みの力動的交流の成立を阻み、出来事の意味を思考するこころを破綻させる。そのとき、この営みはあたかもテレビのニュースを受身的に享受するだけのような「事実の陳述」のみが往来する場と化す。これでは心理療法は体験の意味領域の拡大を極度に狭める営みへと変質してしまうだろう。

オグデンは治療者側の「事実の陳述」の例として、「この場合、あなたがまずいことをしたと私も思いますね」、「もうそこで働くべきではないですね」、「もう少し時間が経てば楽になりますよ」といった介入をあげているが、「事実の陳述」はこうした保障や助言のみに限られるわけではない。たとえ患者のこころに焦点づけられた介入であったとしても、そう伝え、そう介入することが自明の事実、もしくは絶対的真実であるという信念に治療者がとりつかれたとき、それは「事実の陳述」と同様の閉塞をつくりだしていくように思われる。

本素材における可能性空間の崩壊はさまざまな箇所に見いだすことができる。夫を同伴できるか否か、心理療法を中断するか否か、良い母親になれるか否かといった実行動水準で彼女が自身の在り方を成立させようとしていたことや、あるいは彼女の語りを心的現実として扱うべきであるという私の信念、さらには最後のセッションで彼女の指摘を事実の言い当てとしてしか体験しえず、家族をもたないならば彼女の苦境を本質的には理解しえないと感じていた私の心境、それにもかかわらず「良い母親になれると思う」と保障し、この営みを終えることでしか彼女をサポートできないと感じていた私の姿にもこのことは示されている。

そして、ふりかえると、こうした可能性空間の崩壊という文脈を触知していたならば、この閉塞的な心理療法状況に「中断」という新たな動きをもちこむことで、そこに何とか風穴を開けようと試みた彼女の在り方について想い馳せることができたのかもしれないと、いまの私にはそのように感じられる。

心的現実をめぐって

ここまで、本素材の中断要因を可能性空間の崩壊という視点から論じてきた。素材からはこの崩壊が外的な状況の切迫によって生じているようにみえる。だが、事はおそらく逆であり、心理療法に潜在する可能性空間が崩壊していたからこそ、彼女の連想や体験を抜き差しならない必然的な事実として、「そうするしかない」ような外的状況の直接的な反映として、捉えざるをえなくなっていたように思われる。このとき患者の不安や危機は揺るぎない事実となる。物理的、物質的な危機となる。そうした危機は具体的にマネージされ、何らかの行為で応じられるしかないと感じられる。だが、仮にそのような状況下でマネージメントを供給したとしても、それでは危機は一時的に凌がれるのみで、こころの拡張に寄与することはないだろう。

可能性空間が崩壊する要因はさまざまに考えられる。そのひとつとして治療者側の訓練不足の問題があげられる。私が解釈による介入に固執したのは、「分析的セラピーとはそのようなものである」というある種のドグマに則していたからにすぎなかった。あるいは、介入を解釈することの意義をこのときの私は本質的には何もわかってはいなかった。それは先にあげたような可能性空間を成立させる、象徴、象徴されるもの、それを解釈する主体という三者のなかで、最後の「主体的な思考者としての私」の欠落を意味していた。

さらに別の要因としては、患者の大規模な投影同一化による治療者のこころの狭窄化（藤山、二〇〇三）をあげることができるだろう。心理療法においては、しばしば治療者は患者の心的世界や心的内容物の排出先となることで、こころのスペースを失い、ゆとりをもって事態に取り組むことが困難となる。また、投影同一化という現象が、遊びやゆとりの感覚を失い、事を単一的な形でしか（それそのものとしてしか）捉えられない心的機能そのものを治療者にも体験させる事態であることを考えると、この傾向はますます強まることになる。いずれにせよ、可能性空間の崩壊は治療者側のこころのゆとりの喪失と密接に結びついていることは間違いないだろう。

こうして考えると、「事を心的現実としてみる」という精神分析の伝統的なアイデアは、事態を確かな事実として認識することによる心理療法の硬直化を防ぎ、さまざまな理解の可能性や余地を残しておくための治療者側の内的準拠枠として捉えることができるように思われる。事の起源をこころという実体なき空間における生成物とみることで、私たちは「もの想い」（Bion, 1962）や「夢見ること」（Winnicott, 1971）といった無定形で可逆的な心的状態を発現しやすくなる。そして、このことは患者と治療者が可能性空間を生き、事態を遊ぶことの礎石となっている。

繰り返しになるが、ここにあげた理解は事態を心的現実としてみるべきだということではない。ときに私たちは患者の生活内での苦境に対して具体的な対策を講じねばならない場合もあるだろう。重要なことは、そのときにも私たちは十分に事態を思考し、もの想い、夢見ることのなかでマネージメントや助言や保障といった働きかけを供給することである。誤解を恐れずにいえば、具体的な行動の教唆やマネージメントの施行もまたひとつの「解釈」として考えてみることである。

中断から半年後のセッションにおいて彼女が私に教えてくれたことは、「終わりの宣告」をすることで、彼女の

「中断への要望」を揺るぎない事実としてしか認識しえないでいた私の在り方であった。それは事態をもの想い、夢見ることのできる治療者の喪失でもあった。

彼女のこうした行為には、この心理療法に対する彼女の失望やこのような形でしか本当の想いを呈示しえない彼女の悲しみがふくみこまれていたのかもしれない。あるいは、このような形でしか伝達しえない彼女の怒りもここにはふくみこまれていたのかもしれない。

ただ、ひとつだけポジティヴな側面をあげるとすれば、それは彼女が私の保障の言葉に「終わりの宣告」というパーソナルな意味づけを成した点である。そこには象徴機能が発現し、言葉を遊ぶ彼女がいる。そして、そこには私の失敗を遊び感覚のなかでたしなめる、ゆとりをそなえた母親としての彼女がいたようにも感じられる。

おわりに

フロイトは心的現実という用語を提起した際、そこに「ファンタジー(fantasy)」ではなく、「リアリティ(reality)」という言葉を当てはめた。

周知の通り、この用語はフロイトが外傷論から内的欲動論への移行期に打ち出したものであった。だが、彼は患者の語りを単なる空想や絵空事に帰したわけではなかった。「空想と現実を同列において、我々が明らかにすべき幼児期の体験が空想なのか現実なのかはとりあえずおいておこうと提案する」(Freud, S., 1916-1917)と述べたように、彼は「現実」という言葉を残すことで、患者の語りを空想でありつつも、確かな現実感をそなえたものとして体験し、理解する姿勢を維持しようとしていた。本章では「事を心的現実としてみる」ことの意義を唱えたが、しかしながら、もし、単に事をすべて患者の空想の産物にすぎないとするならば、やはり同様に「心理療法という営みは空想によって世界を誤読する患者に対し、その空想を介して彼らのこころの病巣に接近していく」という、きわめて予定調和的な営みと化してしまうだろう。そのような態度もまた直ちに私たちを必然性の感覚へと落としこむことになる。

フロイトが「心的空想」ではなく、「心的現実」という言葉を採用したのは、私たちが患者の語りをややもすると揺るぎない確かな事実として認識せざるをえなくなるということを、そうした圧力と硬化した意味世界への吸引力のなかでものを考えていくということを、内と外の衝突、交錯、対話こそが精神分析や力動的心理療法の根幹であるということを含意してのことだったのではなかろうか。

そして、おそらくこのことは精神分析的な営みに限られるわけではないのだろう。その他の心理療法や、あるいはほとんどの文化的体験には、こうした内と外、空想と現実、遊ぶことと真実の探求の交錯がみとめられるように思われる。あるいは、この種の交錯を生きることが人間の生の一次的な価値であると私は考えている。

第二章　手渡された抑うつ、罪悪感によるつながり

近年、「うつ」もしくは「抑うつ」と診断される患者がますます増加している。この診断名は「少しうつっぽい」といった形で日常会話にもしばしば登場し、その名称自体はもはや完全に市民権を得てきた感がある。だが、その内実は相当に過酷である。私の患者はその苦しさを「箸をもつことすら辛い」と評したが、「うつ」の極期に入れば人はほとんど何もできなくなってしまう。そして、彼らの治療指針は基本的には薬物療法と養生を軸とした生活療法となるが、そうした日常に根ざした対処では遅延化してしまう「うつ」も増加してきている（森岡、二〇一二）。

このような「うつ」の遅延化や薬物療法が著効しない「うつ」が存在することの理由はさまざまだろう。まず考えられるのは、その「うつ」が既存の薬物やその他の治療にも反応しない新手の「うつ」であるか、反応したとしても微々たる効果しか出ないほどに器質的な重篤さをそなえている可能性である。あるいは症状の罹患にかなり強力な疾病利得が介在している場合もあるかもしれない。また、その診断が通常医師によってなされることを鑑みれば、そもそもの医師の誤診とそれにもとづく誤った治療法の選択が要因となっている場合もあるかもしれない。さらにはその「うつ」が薬物療法を主とする神経学的・生理学的方面からのアプローチでは寛解しようのない病因を有する場合もあるかもしれない。そして、このとき支援者はパーソナリティの問題や心的外傷の問題、心的発達の水準や思考特性の問題など、こころにまつわるさまざまな問題を想定していくことになる。

その「うつ」もしくは「抑うつ」状態が器質的要因をそなえているにせよ、心因性のものであるにせよ、いずれ

にせよ各々の事態に心理臨床的なアプローチが一定の寄与を果たすのは確かなことである。だが、本章ではこれらの議論を網羅的に把握することは棚上げし、私自身の患者の様態に対する理解をえがきだすところから議論をスタートさせたいと思う。というのも、「うつ」に関する脳神経学的データが次々に繰り出され、種々の治療的エビデンスが提唱されるなかで、だからこそあえてパーソナルな印象を示すことが何か重要な意味をもつような気がしているからである。

「うつ」を生きること、主体性の疎隔

「うつ」に苦しむ多くの患者の訴えとして、たとえば身体的不調や無力感、睡眠障害、生活や人生の全般的な停滞感などの事柄をあげることができるだろう。

このような訴えの一つひとつに対して薬物を投与したり、何らかの解決策を講じたりすることは支援者側の重要な営為である。だが、それと同様に重要なことは、これらの訴えの根底にある心的な問題について考えてみることである。それは彼らが本質的には「何に病んでいるのか」をつかみだす契機となるはずである。

思うに、こうした彼らの訴えを基礎づけているのは、自身の生が決定的にその手から離れてしまったという感覚ではなかろうか。このとき患者にとっては、その身体も、睡眠も、こころも、人生も、自身にはどうすることもできない、自らのコントロールを完全に超えてしまった事象として体験されることになる。自身の生はどうしようもない何かとして感じられ、それゆえに医療に身を委ね続けることを余儀なくされる。むしろ、こうした「自分」と「自分の生」との隔絶、自らの生のどうしようもなさや手に負えなさが尚も形を取ろうとして現出したものが上記の訴えの数々であると考えることもできるのかもしれない。

「うつ」に罹患したとき、彼らの生は主体的な決定の及ばない、ある種の異物と化している。その「うつ」が器質性のものであるならば、尚更その苦しみは「言いようのない」、「わけのわからない」ものとなる。だが、心因性の「うつ」であっても、この大幅に主体性を蝕まれた状況下においては、自身が本当は何に苦しんでいるのかを本質的には考えられずにいる可能性がある。もちろん、ときに患者は何らかの心理的な病因やその起源らしき事柄を私たちに話してくれることがある。私たちはその話に懸命に耳を傾けようとする。だが、その語りや考えが常同的なものとなり、何ら彼らのこころの変容に寄与しないならば、やはりそれは限局的なうつ的思考の産物として捉えざるをえず、彼らのどうしようもなさを増強させるのみとなる。患者はしばしば自身の苦しみに対する周囲の無理解を嘆く。だが、そこには彼らこそが自身のことを理解しえないことへの苦しみや焦りや絶望もふくみこまれているのではなかろうか。

このとき、たとえば具体的で明確な治療指針をもつ行動療法の施行や、あるいは認知行動療法などのアプローチを介した思考と感情のレンジの拡大が、彼らの主体性の取り戻しに一役買う可能性は十分考えうることである。しかし、そうした試みがひたすら頓挫してきた慢性うつ病患者も少なからず存在している。

私たち臨床家はこのような人々とどのように対峙していくのだろうか。こうした主体性の疎隔という視座からうつ病もしくは抑うつ感をみたとき、きわめて意義深く感じられる臨床素材を以下に呈示してみたい。

事例　「籠と肩車」

抑うつ感と対人不安を主訴とした独身女性が、長いひきこもり生活を経て、医療枠での私との週一回ペースの心理療法に入ってきた。

彼女の家族は威厳ある父と控えめで影の薄い母、および多数の同胞によって構成されていた。父母の共同自営で生計を立ててきたが、一家はたえず経済的に逼迫し、養育費捻出のために借金が重ねられていた。昔から対人緊張のあった彼女以外の同胞すべてが高校在学時から家計を支えるためのアルバイトに従事していた。ゆえに、学業を終えて就労すると、彼女の収入もまた、ごく自然に家計へと吸収されていくことになった。

患者が最初に抑うつ感に見舞われたのは、職場で責任ある立場を担いはじめたころのことだった。周囲に卑下されているという被害感に苛まれるようになり、以降は転職と辞職を繰り返すなかで次第に無気力となっていった。被害感は家族にも波及し、彼女は自室に籠る生活を続けるようになった。

これまでにも精神医学的治療やさまざまなセラピーに取り組んできたが、いずれも奏功しなかった。さらに、この間に彼女は通販での衝動買いによって数十万円の借金をこしらえており、今回のセラピーで現況を何としてでも変える必要があった。

だが、セラピーがはじめられ数カ月が経っても、彼女は非生産的な生活を送ることへの罪悪感に涙するばかりで、唐突に就労しては失敗し、自己卑下と絶望のなかでひきこもる、という事態を繰り返した。連想は負債意識に彩られ、自分だけが一家の経済的困窮に対して何もできない無力感を訴え続けた。そして、かなりの低額でありながらも治療費の負担を解消するために、彼女は自殺することさえ考えていた。

寂寞とした雰囲気のなかでセラピーは進行したが、それでも返済のためだけの就労や家族への償いのためのみに生きることへの虚しさが徐々に洞察されるようになり、開始から一年を経たころには常勤職を得ることにも成功した。ただ、仕事は継続されても、相変わらず彼女は迫害感と無力感を訴え、家族や社会のなかで自分がいかに無能であるのかを吐露し続けた。私もまた彼女の変化のなさに如何ともし難い不毛さを感じていた。しかし、それ以上に悩ましい感情が私のなかに渦巻いていた。それは復職という当初の目的を達しながらも、尚、私の個人的関心によってこの心理療法を継続しているのではないかという罪悪感であった。彼女はいまだ不安定で継続の意義はありそうだった。だが、就業時間をやりくりしてセラピーに通う彼女を見ていると、私は何故かひどく申し訳ない気持ちになるのだった。この感情が私個人の問題なのか、彼女の何らかの転移に対応したものなのかという答えの出ない問いは、私をさらにどうしようもない気持ちにさせた。

こうした状況が長らく続いていたころのあるセッションで、彼女は食事時に母がこしらえた料理を運ぼうとして誤ってひっくり返してしまったというエピソードを報告した。一家の団欒を台無しにしたことを彼女はやはり「家族のために何もしえない自分」と結びつけて涙した。

そのしばらく後のセッションで、父方親族の逝去により、負の遺産もふくめた財産管理が父に託されたことが報告された。その後は最近テーマとなっていた「同胞が得ているような関心を両親から得られなかった幼少期」について連想し、そのなかで彼女はひとつの夢を呈示した。

夢のなかで子どもであった彼女は父に肩車されて神社の境内に向かっていた。境内では同様に子ども姿の彼女の同胞たちが遊んでいた。そこにたくさんの籠を抱えた母が現れ、それぞれの子どもに籠を配っていった。籠は各々に見合ったものが配られたが、彼女に渡されたのは自分用の籠ではないと彼女には感じられた。その後は家族皆で手をつないで家路についた。

彼女自身、これは同胞葛藤にまつわる夢かもしれないと語り、また、籠は両親の商売道具に似ていると述べた。それはある繊細な食物を水からすくいあげる際に使用する籠であった。

私は何かひどく出来すぎた夢のように感じながら、籠は母の抱っこに相当し、多数の同胞のために「彼女専用」の抱え環境を喪失してきたことを示す夢のようだと伝えた。そのうえで、彼女に渡された籠は一体同胞内の誰のものだったのだろうと私は尋ねた。

彼女は応えた。

「私もそれを考えていました。でも考えてみれば、この籠は他の兄妹のものではないんです。この籠を元々持っていたのは母なんです。母のものなんです。夢のなかで母は本当に持ちきれない様子でした。それで母が籠を手渡せたから、最後に皆で手をつないで帰れたんですよね」と。

それは私にとってまったく予想外の連想であった。その驚きと共に、食事時のエピソード、負の遺産相続、あるいは治療者の罪悪感というシークエンスが急速にある連関を構築していった。そのなかで彼女が家族のために母の何かを受けとってきたこと、それは負の遺産相続に象徴される何かであることを私は理解した。

私はその籠は仕事を切り盛りしながらも同時に多数の子どもを抱え、一人ひとりに十分な愛情を注げなかった母の罪悪感や抑うつ感を示しているのではなかろうかと伝えた。

彼女は長い沈黙に浸った。それからとても慎重な口調で、仕事と子どもだけでなく、負債もまた母を苦しめる一因だったと語り、以前の母は今のような影の薄い存在ではなく、もっと溌剌《はつらつ》とした人だったように思うと話した。私は「あなたはずっと、お母さんが背負っていた負債を肩代わりして返済しようとしていたのかもしれませんね」と伝えた。

彼女は静かに涙し、「お母さんはやっぱり大事な人なんです」とつぶやいた。

以降の過程で明らかとなったのは、他の同胞が家計を支持する「労働人員」として両親から重宝されていたのに対し、彼女こそが（父に肩車をされる）「子ども」として確かな愛情を享受していたという心的現実であった。ただ、その愛こそが同胞に対する強烈な罪悪感を彼女に引き起こしていた。そして、自分が可能な家族への寄与は、母をはじめとして家族全体に渦巻く抑うつ感を一手に引き受けることだけだと彼女には感じられていた。その結果、彼女はまさに母のように家族内で影を潜めてひきこもり、家族のために機能しえない自分を卑下し、自身の人生を決定的に死なせていたことが語られていった。

こうした理解の進展にともない、彼女の迫害感や空虚感はゆるやかに解消されていった。職場や家族のなかで自分が大切にされていることを彼女は実感しはじめていた。

素材は依存と負債意識をめぐる葛藤をテーマとしていた。彼女のなかでは愛情関係は負債意識と連結し、誕生した子どもが新たな負債の因子となり、個人の成長が家計のための「労働人員」となることを意味するような、本来生産的な事柄がことごとく負債の文脈へと変換される内的世界が構築されていた。

ここにはいわゆるミスコンセプション（Money-Kyrle, 1968）の生起をみとめることができる。当初、彼女が語った抑うつ感は「家族を支える力を持ちえずに、ひきこもるしかない無力感と罪悪感」と「自分のみが労働人員として機能しえない疎外感」を軸にしていた。だが、後に判明したのは、彼女の疎外感は「労働人員」としての能力的な問題によるものではなく、自分のみが両親から「子ども」として確かな愛と保護を享受していたというもうひとつの心的現実に由来していたということであった。「労働人員」が重宝される彼女の（誤った概念化にもとづく）内的な家族文化のなかで、自分のみが「子ども」として家族に依存し、負担をかけながら生きているという事実が彼女の疎外感を決定づけていた。それゆえに彼女もまた「労働人員」としての承認を希求し続けていたのだろう。

夢をふくむ一連のプロセスが明らかにしたように、彼女の抑うつは「さまざまな枷《かせ》のために子どもを十分に支える力を持ちえず、家族内で控えめにひきこもって生きるしかない（内的）母親」の抑うつを引き受けることで形成されていた。彼女にとっては手渡された抑うつを生き、罪悪感によるつながりだけが家族とのつながりの証左であった。

先に私は「うつ」もしくは「抑うつ」状態にある患者が、本質的には自分が何に行き詰まっているのかを考えられずにいる可能性を指摘した。もしかすると、このことは「うつ」に限らず、さまざまな精神医学的疾病にも当てはまることかもしれない。そして、ある精神症状が慢性化しているとき、はたして本当に彼らが自身のパーソナルな問題や苦難を十分に生きているのだろうか、という視点に立ってみることは新たな見解を私たちにもたらす可能性がある。彼らは確かに苦しんでいる。だが、その苦しみは彼らのものではないかもしれないし、いまだ彼らのものにはなりえていないかもしれない。

無論、そうした苦しみがこの事例で示したように「対象の抑うつ」として明瞭には輪郭づけられない場合もあるだろう。たとえばその苦しみが容易にはパーソナライズしえない精神病的な源泉からもたらされている場合もあるだろうし、妄想－分裂ポジションや精神病パート（Bion, 1957）が優勢なために、自身の苦しみにパーソナルな意味づけを成すことが根本的に難しい場合もあるだろう。いずれにせよ、その種の病は彼らのものでありながら彼らのものではない、ある種の他者性を帯びた何かとして漂い続けている。

精神分析もしくは精神分析的心理療法という営みは、欲動にせよ、無意識的空想にせよ、自身の預かり知らぬところで湧出された何らかの事態を自身のこころに収納しようとするひとつの試みである。このように考えると、とりわけうつ状態が慢性化した患者に対して精神分析が可能な貢献とは、彼らの手を離れ、彼らの預かり知らぬところで漂うその病や苦しみを、彼ら自身が「真に病む」ことのできる機会の提供にあるといえるのかもしれない。

対象の抑うつを引き受けること

さて、引き続き、先の事例のような「対象の抑うつ」を引き受けることで自身のパーソナルな問題から疎外され続けている患者に焦点を当ててみようと思う。

フロイトは一九一七年の『喪とメランコリー』のなかで、「うつ」を中心的素材として取り上げた。そこにはメランコリー患者が「深い交流を築きながらも失われてしまった対象」とのあいだで病理的な同一化を成立させている姿がえがきだされている。その際、彼らは憎しみを基調とした関係性を取りこんだゆえに、持続的な自己への攻撃、批難、罪悪感に苦しめられている。さらにフロイトはこのメランコリー機制の考えを拡張して、一九二三年の『自我とエス』の脚注にて「借り受けた罪悪感」という概念を提唱し、患者が憎しみに彩られた関係性だけでなく、対象の罪悪感をも取り入れる可能性を示唆している。

また、フェルナンド（二〇〇〇）は、この「借り受けた罪悪感」が二種の機能をもつ特殊な防衛様式として利用されることを主張し、このタイプの患者が自身の抑うつや罪悪感に囚われたナルシシスティックな養育対象とのあいだでたえず愛情剥奪の危機に瀕していることを示した。そして、それゆえに対象の罪悪感を取りこみ、対象との融合関係を形成することで愛情剥奪の苦痛を否認すると同時に、こうした方略が自身のパーソナルな罪悪感や現実に根ざした責任感覚を担うことへの防衛としても利用されている在り様を描写した。

さらに、このような力動をより対象関係論的もしくは対人相互的な見地から論じたのがウィニコットである。彼は患者の抑うつ症状の罹患を、愛情対象が抱える抑うつを引き受け、対象を抑うつの苦しみから解放しようとする患者の無意識的な目的に拠っている可能性を示唆した（Winnicott, 1945, 1948）。ここには自らに有害な要素を取りこむことで対象の苦痛を和らげようとする患者の愛の様式と、そのような関係性を築くことで自身のパーソナルな抑うつや罪悪感から目を背けようとする患者の在り様とが示されている。ここでも患者の体験する抑うつや罪悪感が対象からの借り物であり、自身のパーソナルなこころを偽装している可能性が示唆されている。

この種の患者との心理療法は独特の困難をはらんでいる。そのひとつは、やはり彼らのこころがある種の偽り——無論、意図的な欺瞞ではなく、無意識的な偽物性の構築——によって支えられていることにある。彼らが抱える抑うつや罪悪感、そこに駆動する心的な物語が、あくまで対象から借り受けたものである限り、そこに本質的な変化を望むことはできない。とはいえ、治療者が最初から彼らの言葉を偽りとして受けとるならば、患者はただ失望するのみだろう。

さらに事態を難しくするのは、彼らにとっては対象の抑うつや罪悪感を生きることが、対象とのつながりを意味し、それが愛情の証となっている点である。このことは対人的なつながりそのものが彼らの病理の受け皿と化すことを意味している。先の事例において、私は彼女と心理療法的な営みをもつこと自体に罪悪感を抱き続けていたが、このことは患者のなかの「罪悪感によるつながり」という様式に私も同様に捕らえられていたことを示しているように思われる。

では、私たちは患者のパーソナルな抑うつとその本質的な課題にいかにしてふれていくことになるのだろうか。このことを考えるうえで、ふたたび事例に立ち戻ってみよう。

事例 「死の世界」

ある若い独身男性が抑うつと希死念慮を主訴として私との週一回のセラピーを開始した。

患者は父とは陽性の関係を築いてきたが、母からは支配的で侵襲的なふるまいを繰り返され、思春期時には日々母の愚痴を聞かされ続けてきた。そのころから彼は独自の死生観を構築し、その世界に耽溺するようになった。大学進学を機に独居し、そこではしばしの平穏を得た。その流れのなかで大学院に進学し、専門的なキャリアを積み上げていったが、そのころに同じキャリアを歩んでいた友人の自殺を経験した。それを機に彼は重いうつ状態に陥った。

友人はある機関から依頼された仕事に追いつめられていた。患者は友人から助けを求められたが、彼自身も多忙を極め、十分な援助は叶わなかった。ふたりはこの窮状について慰め合っていたが、次第に友人の言葉数は乏しくなっていった。患者は友人の困窮をひしひしと感じながらも成す術《すべ》なく、その労苦にただ感じ入ることしかできないでいた。そのなかで友人はある日唐突に自殺した。

その後、専門的キャリアを活かして就業したものの、業務の多忙にともない症状は悪化の一途を辿った。辞職を余儀なくされ、同時期の父親の病死も相俟《あいま》って、彼は実家で暮らすことになった。抑うつ感は一向に解消されず、無為な生活に身を留め続けていた。そのような経過のなか、通院先の医師の紹介で私たちは出会うことになった。

当初の彼はいかにも抑うつ的な様相で、友人を救えなかったことへの罪悪感と無力感を口にし、自分には生きている価値など何もないと語り続けた。その口調はとても冷ややかで淡々としたものであった。

また、彼は自身のこころに広がる「死の世界」について度々話した。その一例として、ある村での秘密の儀式をテーマにしたパソコンゲームの内容をあげた。その儀式とは重篤な病を患う人に対し、その人のもっとも心地よい世界をイメージで体験させながら、実際はその人を巨大な食虫植物に喰わせていくという内容であった。彼にとって死は苦痛からの救済を意味していた。

さらに患者は自身の病因を自ら積極的に分析していった。その分析によると、彼は他者の要求に応えることでしか自身の存在価値を承認されないと感じており、症状はそうした自分の在り方への限界を示す「警告信号」として認識されていた。そして、この他者への過剰な献身は母との関係に由来することも彼にはすでにわかっていた。

この患者との心理療法は知的な解明作業の域を出ず、情緒的な動きを著しく欠いた営みとなっていた。ただ、「既知の事実」のみが呈示されるばかりであった。私は取りつく島のない感覚を覚え、いつしか「彼ともっと生きた交流をしたい」と切望するようになっていた。それほどに私たちの営みは彼のいう「死の世界」に侵食されているようであった。

開始から七カ月が経過したころから、彼はさらに抑うつ感を強め、相変わらず「誰の役にも立てず、何の存在価値もない自分」について語り続けていた。私は友人の死にまつわる彼の罪悪感や、彼に苦痛を残して去った友人への怒りと憎しみなど、通り一遍の解釈しか呈示できないでいた。次第にセッションは沈黙がちとなり、重苦しい雰囲気が立ちこめるようになった。

事が起こったのは、開始から一年が過ぎたころのあるセッションであった。そのセッションで私は交通機関の大幅な遅れにより、セッションへの遅刻を余儀なくされた。しかも、そのことを彼に伝えられない状況下にあった。到着までのあいだ、私は強烈な罪悪感と無力感、あるいは焦燥感を体験していた。まったく予期していなかった、あってはならないことが起こり、彼がひどく傷ついているに違いないと確信していた。私はこうした不測の事態にも対応可能な十分にゆとりをもった時間設定を準備してこなかったことを深く後悔していた。

待合室で彼はひとり佇んでいた。私の姿をみとめると、彼はほっとしたように少しだけ微笑んだ。このときの私はやはり罪悪感に満ちた表情を隠せなかったのだろう、そんな私に対して彼は一言「大丈夫ですよ」と声をかけた。セッションでは友人の死について連想された。生きることの苦痛を先に放棄した友人への羨慕が淡々と語られた。私は遅刻による治療者の突然の不在と友人の自殺とを結びつけ、私もまた彼を苦しみの渦中に取り残した友人のようになっていることを、そして、そのことに対する彼の傷つきと怒りについて伝えた。だが、彼は否定し、自分よりも他の誰かがひどい待遇を受けたときの方が自分は怒りや悲しみを覚えやすいように思うと応えた。しばしの黙考後、この気まずい沈黙をふり払うように、彼は最近読んだ歴史小説の登場人物について語りはじめた。その人物は仲間を犠牲にして生き残るという悲劇を生きていた。そして、「歴史は傷つきに満ちていますね」と言って、その連想は締めくくられた。

このときだった。突然に私のこころに深い悲しみが押し寄せた。その情緒の揺れのなかで、私のなかにひとつの理解が生起していた。私は彼が生きることの苦しみを友人から預けられ、母からも背負わされ、そして、いまも私の罪悪感を引き受けようとしていることを、それこそが彼の人生史を輪郭づけてきた苦しみのようであることを解釈した。

いつものような知的に咀嚼《そしゃく》された返答はなかった。彼は時間終了までじっと沈黙していた。

翌週、彼は友人から生きることの苦しみを預けられたが、自分も友人に預けたものがある、それは彼の「死の世界」であり、ゆえに友人は死んだのかもしれないという罪悪感をずっと抱えていたことに気づいたと述べた。そして、その一方で友人に支援を求められたときも、友人が自殺したときも、自分を苦境に陥らせた友人に対し、本当は「殺意に近い怒り」を抱いていたことを打ち明けた。

こうした彼の理解も、殺意という言葉も、いずれもが新鮮な響きをともなっていた。このような語りを呈示する彼は、これまでとはまったく異質な彼のように私には感じられた。解釈にはしなかったが、私はこのセラピーのなかで自分が彼の「死の世界」を体験しながら、尚、彼と共に生きていくことの意義に感じ入っていた。

彼はとめどなく涙した。そのなかで自身も友人と同様に多忙な生活に身をおき、孤独に生きることが友人への償いになると信じていたことを語った。最後に彼は「やっと友人の死を悲しめたように思います」と寂しげに語った。

以降のセッションでは、友人の自殺を機に症状を抱えることになった怒りと憎しみ、それゆえの罪悪感と悲しみ、そして、彼にとって友人がいかに大切な存在であったのかということが情緒的に理解されていった。そこにいるのはもはや友人を救えなかった「何の存在価値もない自分」に苦しむ彼ではなかった。自身の怒り、憎しみ、悲しみ、罪悪感を確かに抱え、生きている彼であった。これらのパーソナルな情緒の生起を境に、彼の抑うつ感は少しずつ和らいでいった。

この男性はそもそも英国学派のいうスキゾイドの病理を抱えていたように思われる。おそらくそれは彼に無媒介に侵襲する母との関係性をもとに組織され、後に倒錯的な死生観と連結することである種の心的平衡（Joseph, 1989）をつくりあげていたようである。その主な機能は対象との心的交流や自身のさまざまな情緒の遮断にあった。

しかし、友人の自殺はそうした彼の病理的な心的組織をも破綻させる出来事であった。本素材の後半部で語られたように、彼はこの外傷的な喪失を当初は友人との（フロイトのいう）メランコリー的な同一化によって乗り越えようとした。この治療の初期に語られていた「誰の役にも立てない、何の存在価値もない彼」とは、おそらくは依頼された仕事に追われるなかで、患者の友人こそが体験していた無力感と抑うつ感でもあった。そして、プロセスが明らかにしたことは、彼が友人の抑うつを引き受けることで、その喪失にともなわれる彼自身のさまざまな情緒を糊塗していたという在り様であった。この営みがあまりにも平板化した経過を辿ったのは、彼のスキゾイド心性の影響もさることながら、そこで紡がれる彼の連想や情緒体験が対象からの「借り物」にすぎず、そこに何らパーソナルな要素がふくみこまれていなかったことをも反映していたのだろう。

ターニングポイントは治療者が遅刻したセッションであった。ただし、ここで私が呈示した「他者によって抱え難い何かを担わされる苦しみ」という理解は、まだ「友人が体験していたであろう抑うつ」をなぞるものであった。

この素材に本物らしさが宿ったのは、その翌週に彼自身が私の理解とはさらに異なるストーリーを語ったそのときであった。それは「苦しみを担わされる彼」という受身的な物語ではなく、「死の世界を対象に預ける」という能動的な物語であった。そこにあるのは友人を救えなかった罪悪感ではなく、友人に殺意を抱いたゆえの罪悪感であった。それこそが彼の考えられない考えであり、抑うつの起源となる罪悪感であった。

このことは先の事例における患者が、夢の呈示以降、両親からの確かな愛情の享受と、それゆえに喚起される周囲からの嫉妬や憎しみ、それにともなわれる罪悪感といったパーソナルな情緒を思考しはじめたこととも軌を一にしているように思われる。その契機の所在を考えると、やはりそれは彼女が治療者の夢についての解釈を越えて、彼女自身の解釈を呈示したその瞬間にあった。

このふたつの素材は、いずれもが患者自身のパーソナルな心的物語の創造によって治療の進展が形作られていたのである。

病むことの主体性を取り戻すこと

ここまでのところで、私は「うつ」もしくは「抑うつ」という病態が自身の生を主体的に営む感覚の決定的な喪失と結びついている可能性を示唆し、その力動的要因の一例として、「対象の抑うつを生きる」患者について描写してきた。

そのセラピープロセスは「対象の抑うつを生きる」ことから「患者自身のパーソナルな抑うつを生きる」ことへの移行として捉えられるものであった。では、この移行にはいかなる要素が関与していたのだろうか。以下にその要素について考えてみることにしよう。

一　差異に開かれること

彼らの病理が対象の抑うつや罪悪感を取り入れ、それを我がこととして生きることにあるならば、そこで生じていることは自己と対象それぞれの心的要素の混同として理解することができる。

無論、この種の混同は転移上でも展開される。彼らは対象の抑うつを引き受けたように、治療者側の心情を汲み取り、それを引き受けようとする。さらには、このような「引き受け」は治療者側の心情のみに留まらず、私たちの理解や解釈の内容にまで及ぶこともある。彼らが治療者側の何らかの要素を引き受け、そうすることで自身のパーソナルな無意識的思考からその身を隔離しておくために、何かを考え、語り、解釈を聞き入れている限り、彼らの本質的な変化は望めない。このとき心理療法という営みは、排除されたままにある患者のこころの諸部分を取り戻すためでも、新たな理解を産出するためでもなく、彼らが私たちの心情や理解やその時々の様態を把握し、それを取りこむための営みと化していく（私の印象では、こうした治療者のこころや思考や感情状態に同一化しようとする傾向は、本章で注目したようなタイプのうつ病患者に限らず、うつ病患者全般に共通する傾向のように感じられる。この治療者への同一化もしくは傾倒は、「うつ」という事態がもつ決定的な寄る辺なさとその苦しみに由来しているのかもしれない）。

そして、このことは次のようにも言い換えられるだろう。すなわち、彼らが「治療者に向けて」何かを語っている限りは本質的な変化は訪れず、彼らが「彼ら自身に向けて」何かを語りはじめることが重要な変化の要件になっているのだ、と。

ここで大切なことは、まずは治療者の方が患者との差異に開かれることである。この差異の認識こそが、分かち難く結びついている彼らと対象とのつながりの感覚にある種の間隙を生みだし、彼らのパーソナルなこころを展開する余地をつくりだす。藤山（二〇〇三）の言葉を借りれば、わからなさ、意外性、ギャップに開かれることである。そのことは患者の心的世界において「何が対象に属し、何が自己に属するのか」（Steiner, 1993）といった区分を促進する。

最初の素材では、治療者は彼女が呈示した夢を「ひどく出来すぎた夢」としか感じられず、次の素材でも、治療者はセッションを「既知の事実のみが反芻される場」として体験している。私は彼らを「わかって」しまっており、彼らに「なって」しまっている。ここには自己と対象の心的要素が混同されたナルシシスティックな対象関係が構築されている。差異に開かれることは、こうしたややもすると彼らを「わかって」しまい、彼らに「なって」しまうような吸引力のなかで、それでも尚、彼らが治療者とは異なる思考や感情や人生を生きるひとりの独立した他者である、という当然の事実を改めて認識しなおす作業を意味している。裏を返せば、私たちは自分がいかに患者とのあいだで均質の体験を生きてしまっているのかに気づく必要がある。

私たちの領域では、「患者の身になって」という言葉や「共感」という営為が治療者の目指すべき姿勢としてもちあげられている。私はこのことの重要性自体はまったく否定するつもりはないが、ただ、これらの言葉が「患者のこころと同質の体験を治療者が生きること」を意味するならば、わざわざこのような在り方を目標に掲げなくても、むしろそれはたえず部分的に達成されていると私には思える。患者との関わりなかで、私たちはいつのまにか彼らと同質の体験を生き、彼らのこころのなかの対象と同じように何かを感じ、考え、行動していく。本当は人生に絶望していながらも、かりそめの希望にすがっている患者との心理療法においては、治療者もまた彼との心理療法に絶望していながら、根拠なき希望にすがるようにしてその営みを続けているかもしれない。はたまた、患者に強力な憎しみを抱きながらも、表面的には子どもに尽くそうとする彼らの内的な母親のように、いつのまにか治療者も患者へのネガティヴな情緒を斥け、「良い治療者」としての自分を強圧的にその場に固定しようと努めるかもしれない。

投影同一化という概念が提起していることは、私たちがいかに患者の内的世界と同型の体験世界を生きることを余儀なくされ、そのことがいかに閉塞的な事態を面接室のなかに構築していくのかという臨床事実である。このような視点からすると、「患者の身になる」や「共感」という事態は、単に同質、同型の体験を生きることとは質を違えていることがわかる。それは患者とは異なる思考、感情、体験世界を有するある種の「他者」としての治療者が、その差異と分離の感覚を前提としながらも、彼らのこころに寄り添い、何らかの重なりを経験していくといった、ある意味では逆説的な、ある意味ではきわめて達成の困難な事態として捉えうるものとなる。

私たちは——たとえ、それがプロセスとしては必然であったとしても——患者のこころの一部として組みこまれるのではなく、ひとりの独立した他者として患者と共にいることが求められている。そのうえで彼らのこころを引き受けることが求められている。そのために私たちは自分がいかに患者のように「なって」しまっているのかに気づく必要がある。そして、臨床素材をふりかえると、この気づきへの鍵となっているのが、セラピーのなかで治療者側に喚起された「罪悪感」である。

二　治療者の罪悪感

ウィニコットは一九四五年の『原初の母性的没頭』のなかで以下のような内容を語っている。

抑うつ的な患者が分析家に要求しているのは次のような理解である。つまり、その分析家の仕事とは、ある程度まで彼自身（その分析家自身）の抑うつに対処する分析家の努力であり、こう言ってしまってもよいならば、分析家自身の愛のなかにはらまれる破壊的要素から生じる罪悪感と悲哀感に対処する努力ということになるだろう。

ここで紹介したような抑うつ的な患者とのセラピーにおいては、治療者は患者が体験する罪悪感と悲哀を理解するために、（投影同一化を介して治療者のこころに展開された罪悪感とは別に）自分自身のパーソナルな罪悪感と悲哀にも取り組まなければならない。このことは、最初の事例における患者の内的な母親対象や、あるいは次の事例での死んだ友人のような、「それが誰の罪悪感であるのかを曖昧模糊にしていく対象」とは異なる対象として治療者が立ち現われることに寄与している。

無論、こうした「ある情緒体験が誰のものであるのか」といった区分への努力は、あらゆる投影同一化の処理にも等しくいえることである（そして、私たちの訓練の一部はこの区分への努力に向けられている）。そして、ここに紹介したような「対象の抑うつを自身のものとして生きる患者」の場合、このことはとりわけ肝要となる。だが、ここには独特の困難も待ち受けている。その難しさは彼らのこの病理的な在り様に「愛」の文脈が絡みついていることに拠っている。

先に紹介したフェルナンド（二〇〇〇）が指摘するように、彼らの病理の本質は対象との愛と絆をめぐる葛藤であり、彼らにとっての最大の恐怖は愛情剝奪の事態である。そして、対象と自己を区分し、その差異を受け入れること、すなわち分離の認識は、彼らにとっては愛情喪失の確たる因子となっている。ゆえに、彼らにとって「差異に開かれること」は治療機序であると同時に、もっとも忌避すべき事態のひとつともなる。この恐怖自体が転移されることで、治療者は「差異に開かれる」ことが困難となり、いつのまにか患者の在り様と同じく、罪悪感を基調とした万能的な共生関係につなぎとめられてしまう。

では、このような事態において、私たちはいかなる視座を必要とするのだろうか。

思うに、彼らが対象との関係性の破綻もしくは破壊を恐れるゆえに、対象の抑うつを生き、罪悪感によってつながり、愛情関係を持続させようとするならば、私たちに求められることは「愛情にふくまれる破壊性を恐れない」ということになるのではなかろうか。それは先のウィニコットの引用の後半部、「愛のなかにはらまれる破壊的要素から生じる罪悪感と悲哀に対処する」という見解とも軌を一にしている。

そして、私の理解では、それは「心理療法という形の愛」に必然的にふくまれる「破壊性」、「憎しみ」、「破局」に呑まれてしまわないことを意味している。

臨床素材をふりかえると、治療者の罪悪感は最初の素材では治療契約に対して、次の素材では時間構造にまつわる形で生じている。いずれもが治療設定との兼ね合いで生起されている。両素材ともに設定の不備があったのは確かだが、ただ、この局面で生じている私の罪悪感が治療設定と深く関連していることは単なる偶然以上の意味があったと思われる。

心理療法における治療設定は、しばしばそれが「環境供給」という言葉で語られるように、基本的には患者に対する保護的な機能を有するものとして理解されている。ただ、その一方で、ウィニコット（一九四七）は「セッションを時間通りに終えること」、「料金をとること」などの当然視されている設定のなかに「治療者の憎しみ」が形を取ることを示唆している。

確かに私たちがどれだけ患者の痛みにふれ、どれだけ患者を想い、深くこころ通わせたとしても、客観的にはそれはセラピーの枠内のことでしかない。治療者は彼らの親になることも、恋人になることも、友人になることもない――親や恋人や友人は料金をとりはしない。私たちはそのあらかじめ設定された枠内で仕事をするだけであり、私たちの役割は理想的な保護的機能をもつ親のようになることではなく（中途過程のなかでそのような対象として見据えられることはあったとしても）、あくまで治療者として機能することにある。

ウィニコットがこうしたある意味では殺伐とした、しかし、きわめて現実的でもある治療設定の供給を、「憎しみ」というインパクトをもつ言葉で表現したことには賛否あるだろうが、いずれにせよ治療設定に愛情の文脈と憎しみの文脈がたえず相互に行き交わされていることは確かな事実だろう。このとき、「分析家自身の愛のなかにはらまれる破壊的要素から生じる罪悪感と非哀感に対処する」ことは、このような構造的特性をもつ心理療法という特殊な営為を患者に提供することの意味を、あるいはそれ自体にはらまれる愛と憎しみのアンビヴァレンスを、あるいはそこに付随する罪悪感を、私たちがそれとして認識しつつ抱えていくことを意味している。

愛をめぐる葛藤に苦しむ患者とのセラピーでは、患者は無論のこと、治療者もまた自身の破壊性や憎しみ、関係の破綻や破局への恐れを経験する。そして、それは罪悪感という形で私たちのこころに兆す。ここに紹介してきた患者は愛の喪失を恐れて、その破綻や破局や憎しみの顕現を恐れて、罪悪感によるつながりを維持し続けていた。だが、おそらくはこの種の破局や破壊を介することでしか、新たな心理的存在としての患者も、治療者も、その関係も生まれ出ることはないのだろう。あるいはむしろ、この愛のなかにはらまれる破局的な要素こそが、対象との病理的な融合関係を脱し、患者が自身のこころを見いだしていくひとつの契機となるのかもしれない。

第三章　鏡のなかの自己

精神分析におけるナルシシズムについて

精神分析はある意味ではナルシシズムとの苦闘の歴史でもあった。現在、精神分析にはさまざまな学派が屹立《きつりつ》しているが、このナルシシズムという事態をどのように位置づけ、どのように捉えていくかということに、その学派の学派らしさが宿っているように感じられる。

ナルシシズムという用語は神話ナルキッソス物語に由来し、一九一四年にフロイトが精神分析のエリアに導入したものであった（「自体愛」についてはフリースレター内や『性理論三篇』のなかですでに取り上げられている）。ただし、彼は巷でイメージされているような、単に「自己に向けられた愛情の強さ」を言い表すためにこの用語を使いはじめたわけではなかった。

フロイトにとってナルシシズムとは「自身の身体に性生活（リビドー）全体を（対象に向けることなく）吸収」（括弧内は筆者による）してしまう倒錯的な存在様式の一形態であると同時に、「それは自己保存本能のもつエゴイズムのリビドー的な相補物であり、ある程度のナルシシズムはすべての生命体に帰属させられる」ものでもあった。

前者の「倒錯」としてのナルシシズムは、外界への関心を撤退させ、自身の全能と魔術的な力を確信している誇大的、妄想的な世界を生きる患者を語るうえで導入された概念となっているが、一方で彼は自体愛から対象愛へと至る発達論のなかにこの概念を組みこみ、ナルシシズムをあらゆる人間がそなえる「正常で一次的」な事態としても捉えていた。そして、一九二三年の『自我とエス』では、この一次ナルシシズムは「自我とエスが未分化」で、「対象も自己もない」心的状態として明文化された。フロイトは本来的に人がその生の出発点において他者や外界と交わることのないある種の閉塞を生きているとも考えていたようである。

ここにはナルシシズムという事態を病理もしくは病理的な防衛様式とみるのか、あるいは人間の発達に不可欠な要素としてみるのか、という二方向の見解が提起されている。そして、このことは「ナルシシスティック」と呼ばれる一群の患者について考えるうえで、きわめて重要な議論を生みだしている。というのも、ナルシシズムそれ自体を病理として捉えるのか、あるいはナルシシズム自体は「正常な形態」であり、その発達を冒すさまざまな病理形態があると考えるのかといった理論基盤の差異は、その治療モデルを大きく分流させていくことになるからである。

前者の視点から考察を進めた分析家のひとりがカーンバーグ（一九六七、一九七五）である。彼はナルシシスティックパーソナリティを自身が提唱した境界性パーソナリティ構造の亜型とし、口愛水準の破壊性を対象に投影したことで生起する迫害不安を、誇大的自己（現実自己、理想自己、理想対象が渾然一体となっている）によって防衛することで構築される状態として記述した。

また、ローゼンフェルト（一九六四、一九七一、一九八七）はナルシシズムが精神病水準の不安を防衛すると同時に、対象との分離の感覚によって引き起こされる抑うつ不安の防衛としても機能していることを示し、その防衛が（大規模な投影同一化を介して）過剰使用されることで、万能的で、破壊的で、倒錯的な（悪いものが良いものとして誤認されていくような）病理構造体が組織されていくことを明らかにした。そのなかで彼は「薄皮（thin-skinned）」のナルシシスティックパーソナリティと「厚皮（thick-skinned）」のそれとに分類し、前者は自身に対する他者からの解釈や理解に傷つきやすく、それを外傷的に体験する傾向がある一方で、後者は主観的な思いを前景に出し、相手を呑みこむ形で対象を破壊していく傾向があることを指摘した。

さらに、バリント（一九六八）や土居（一九六五）は依存欲求の不満足によって引き起こされた一次過程の噴出を（対象に抱えてもらうのではなく）自らの力で収束させる際にナルシシズムが利用されることを主張し、ナルシシスティックな状態を環境の機能不全から二次的に生起する発達停止状態として捉えてきた。

一方、ナルシシズムの「正常」な側面を強調したのがコフートやウィニコットである。

コフート（一九七一）はナルシシズムの健康的な側面に着目し、これが母親をはじめとする自己対象からの共感不全によって歪められることでナルシシスティックパーソナリティが形成されることを主張した。そして、ウィニコットは「環境としての母親」の絶対的な庇護下にて成立していた乳児の一次的なナルシシズム状態に発達促進的な作用を想定し、その崩壊による病理的な「偽りの自己」の構築に事の要因を見いだしてきた。

このふたりの見解はある種の逆説をふくみこんでいる。当初フロイトがナルシシズムという現象を想定したときには、それはあくまでその個人内のシステム論的な観点から語られており、そこには対象とのやりとりのない絶対的な孤立の地平が広がっていた。ウィニコットのいう一次ナルシシズムに息づく乳児も、基本的には対象のない（原初の母性的没頭にある母親の完璧な世話によって欲求がそれとして形を取る前にすべて叶えられるために、乳児はそもそもからして対象の存在を感知しえない）世界を生きている。だが、外側から見れば、乳児はまさにその対象である母親の存在によって、そうした対象のないナルシシスティックな事態を保障されている。そして、コフートにおいても実際の母親の共感的なまなざしがそれを育むことになっている。ナルシシズムというその個人の孤立を彷彿とさせる事態について語られながら、彼らの理論にはたえず対象および他者の存在が前提とされている。

他方、先にあげたようにナルシシズムをひとつの病理として捉えたとき、その病を生きる人々の課題はその閉塞的な存在様式に焦点づけられることになる。そこで問題とされるのは、（ウィニコットの発達論とは反して）対象がひとりの独立した個人として認識されず、他者と出会い、交わり、その関係のなかでこころを発達させ、生きた人間的な体験を醸成していくことの困難である。患者は発達のための手づるを決定的に欠いた世界を生きているのだと見立てられる。

さて、このようにナルシシズムを病理的に捉える立場をとるとき、私には常々疑問に感じてきたことがあった。それは彼らの自己の在り方である。もちろん、この種の論考はすでにクライン派の病理構造体論を中心にきわめて精緻な議論が展開されている。ただ、私が疑問に感じているのはもっと素朴な点である。私がここで議論のターゲットにしたいのは、しばしばナルシシズムの日本語訳として登場する「自己愛」という言葉である。

藤山（二〇〇八）が指摘するように、ナルシシズムという単語には本来的には「自己」という言葉も「愛」という言葉もふくまれてはいない。この事実を鑑みたとき、彼らは本当に「自己を愛し、その愛があまりに盲目的であるがゆえに閉塞的な世界に埋没している」という状況を生きているのだろうか、という疑問が湧いてくるのである。彼らは確かに臨床場面のなかで私たちに尊大さや傲慢さを感じさせ、我がことしか考えていないようなひどくひとりよがりな印象をこちらに与えてくる。

だが、これらの様態は本当に「自己を過剰に愛している」がゆえに構築されたものなのだろうか。

彼らとのセラピーがしばらく続くと決まって私のなかに喚起されるのは、彼らの空虚さや中身のなさである。ゆえに彼らにはそもそもに「愛すべき自己」といったものが本当にあるのだろうかという疑問が湧いてくるのである。以下に呈示するのは、このような問いについて考える視座を与えてくれた事例である。

事例「鏡」

臨床素材は不登校を主訴とした男子高校生との心理療法プロセスである。

家族は両親と本人の三人で構成されており、父親は寛容な性格で、彼の良き理解者であったが、仕事に忙殺されて家族との関わりは希薄であった。一方、母親はひとり息子である彼に幼少期から強い期待を寄せており、その関係はかなり支配的なニュアンスを帯びていたようである。

勉学、運動共に優秀な成績を収めていた彼は、一流進学高校への入学後も高水準の学力を維持していた。しかし、対人交流の在り方はいかにも表層的であった。高校生活半ばから学業成績の低下がみられ、セラピー開始三カ月前に起こった同級生とのトラブルを機に、早朝からトイレに籠って登校を渋るようになった。トラブルの内容は一切明かされず、まもなく彼は完全な不登校状態へと至った。いくつかの相談機関を利用したが奏功なく、彼は自室でひきこもる生活を送るようになった。

このような経過のなか、両親の説得に応じて、彼は私が勤務する相談機関に来談した。数回のアセスメント面接を施行したが、当初から誇大性と他者への蔑み、傍若無人の傲慢さのようなものが億尾もなく前景に表されていた。彼はいかにも挑発的な様子で、何故自分がこうなったのかを知りたいし、「専門家の先生に是非とも教えていただきたいです」と私に迫った。私はかなり辟易とした気持ちになりつつも、一方で彼が自身の在り方を考える場を確かに望んでいるようにも感じていた。そこで私は探索的な心理療法の施行を提案した。本人は即座に同意し、母は即時的な解決を求めたが、最終的には「本人が自分のことを知ることでしか前には進めないのでしょうね」と同意した。本人とは週二回五〇分の対面による心理療法を行うことで契約を交わし、マネージメント全般に携わる母親担当セラピストを別に設定した。

心理療法がはじまると、よりいっそうの彼の尊大さと万能的な在り様とが顕著となった。彼にとって級友や周囲の大人はすべて無能な存在であり、そもそも彼は対人交流自体を蔑んでいた。友情や恋愛は「陳腐な青春物語」にすぎず、彼の考えでは結局のところ人は利己的にしか生きえないとのことであった。ここまで彼は常に学校やクラスの中心にいたが、中学生時に対人関係の不毛さにはっきり気づいたという。けれども、彼はそれが何故なのかを語ろうとも、考えようともしなかった。彼にとってすべてのことは「わかりきった事実」であり、彼の連想も私の解釈も、何ら新鮮な理解を生みだす気配などまるでないことに、その言葉の確からしさがこめられていた。

心理療法と並行して学校からも積極的な介入がなされ、そのうちに彼は定期テストや学校行事には参加するようになった。しかし、セッション内での彼はそうした介入を内心馬鹿にしていた。彼は周囲の大人を安心させるためにその意向に従っているにすぎなかった。確かに両親も学校職員も登校の兆しを見せた彼の様子に安堵しつつあった。だが、私は彼との寒々としたやりとりに何の進展も感じられないでいた。

開始から四カ月が経過したころのあるセッションで、日々の生活の不毛さにふれた後に彼は珍しく沈黙に耽った。そして、「毎日が機械的で、まるでベルトコンベアにでも乗せられている気分ですね」とつぶやいた。このとき、私は彼の内面に僅かにふれえた気がした。そこで周囲の要望に応えることでしか生きえないその空虚感について解釈してみた。すると彼は「先生、鋭いですね。ならばベルトコンベアから降りてみますね」と微笑んだ。

以降、彼は一切の登校行為を中止した。周囲は動揺し、その理由を問い質した。彼は私の言葉をもちだし、治療者に深く理解されたと感じたので登校をやめたのだと説明した。母と学校職員に求められ、私は協議の時間をもつことになった。そこでは私の介入に対する疑念と批判が最初から色濃くあり、母や学校職員は自分たちのはたらきかけが私のたった一言で無下《むげ》にされたと感じているようであった。母親担当セラピストはニュートラルな姿勢で双方の意図や考えのズレを明確にしようと努めたが、彼らの憤慨は収まらなかった。

私は強烈な圧迫を体験していた。母や学校職員の言い分も納得できるものであり、その意味では私の介入はいかにも軽率なものだった。だが一方で、私は確かに彼のこころにふれえたようにも感じており、ゆえに、その解釈をこのような形で利用した彼に憤りを覚えずにはいられなかった。当初から薄々感じていたことだが、私個人だけでなく、心理療法という営みそれ自体が否定されているような気が私にはしていた。

しかし、もっとも中核的な逆転移感情は虚しさと無力感であった。そして、これらの情緒こそが彼が体験しえない体験であり、こころに置いておけない情緒なのかもしれないと感じた。この種の圧力を被ることの不安と恐怖、その理不尽さに対する憤り、あるいは虚しさと無力感こそが彼自身もっとも忌避したい情緒であり、そのために彼は有能な自分を固持せねばならないのだろうと思えた。

母は治療者の変更を要望した。しかし、彼は新しい治療者に再度事情を説明しなおすことの面倒を理由に私との心理療法を継続した。

しかし、今度は無断キャンセルが繰り返されるようになった。その理由は明確にはならなかった。来談しても、語られる内容は日々の出来事の羅列か、社会動向に関する彼の見解の披露に終始した。そして、彼は学校からの出席日数不足の通達もまったく意に介すことなく無為な生活に身を留めていた。

一方、母の私への批難は留まることはなかった。私は事態を何とかせねばならないという焦りと何もできないという無力感のなか、次第に彼がこの営為に求めることは私を無能な治療者に貶めることなのだろうと半ば真剣に空想するようになっていた。

開始より六カ月が経過したころのあるセッションも、それ自体は芳しい変化もなく終了された。しかし、事はその後に生じた。終了後、職員用トイレの修理中につき、私は来客用のトイレを利用した。すると、そこに鏡にじっと見入る彼がいた。彼は僅かに動揺しつつも、すぐにいつもの無表情に戻り、軽く挨拶をして退出した。だが、何故か私は普段患者とトイレで会ったときの気まずさとは比較にならないほどの強い緊迫感を味わっていた。見てはいけないものを見てしまったという感覚があった。さらに受付の話から、これまでにも彼がセッション後に必ずトイレに行っていたことを私は知った。

二日後のセッションで、彼は自らトイレでの遭遇にふれ、トイレで髪型をセットしなおすことが毎回の習慣になっていることを話した。その後は何の変哲もない連想がなされたが、終了際に「カウンセラーって夢分析ができるんですよね？」と唐突に尋ねてきた。そして、昨夜見たという夢を報告した。内容は以下の通りである。

彼は学校に赴き、無人の長い廊下を歩いていた。廊下の端には大きな鏡がそなえつけられており、彼はそこに向かって歩いていた。

これだけ語ると、彼は「クイズです。鏡には何が映っていたと思いますか？」と挑発的に問うた。私は寂寞《せきばく》とした空虚感を経験していた。夢の意味を考えるという心理療法特有の営みさえもが、彼の挑発的な在り方に取りこまれたように感じられたゆえだった。また、不思議なことに、このときの私にはこの問いに対する答えが何も思い浮かばなかった。これらの感覚に浸っていると、ふと夢のなかの彼同様、私もまた彼の夢を自身の空想を照らし出す鏡として体験していることに私は気づいた。

私は「クイズにしたということは、私があなたのことをどう想いえがいているのかを、あなたは知りたくなっているようだね」と伝えた。彼は「それは……意外な答えですね」と珍しく驚きの表情を見せた。そして、しばしの黙考後、鏡には何も映っておらず、「これまでに見た夢のなかで最悪の夢」だと話した。その声のトーンに僅かな動揺がみられた。私はここまで彼は自身の在り方や考えを披露してきたが、その実、彼が自分について想いえがくことにかなりの困難があることを夢は示唆しているようだと伝えた。彼はじっと沈黙していた。

その後、二週にわたってキャンセルが続いた。その間の母親面接のなかで、先日母が今後の動向を彼に迫ったところ、彼から暴力を受けたことが報告された。セッションに訪れた母はかなり抑うつ的な様子で、確かに自身の考えを押しつけてきた面もあるが、母なりに彼の意向を尊重してきたつもりだと泣き崩れた。この間に来談した父は、母と本人の苦しみを肌で感じながらも、自分に何ができるのか皆目見当がつかないと弱々しく語った。

久方ぶりに来談した彼は、母に暴力を振るい、父から殴られたことを自嘲気味に語った。彼も疲弊しきっていた。

私は前回の私の解釈が彼のこころをひどく揺るがしたのかもしれないと伝えた。すると彼は不登校の引き金となった同級生とのあるトラブルについて連想した。それは以下のような内容であった。

学校行事に関するグループ討議の際に、他生徒の意見の齟齬をあげつらい、投げやりな考えしか示さない彼に同級生が苛立ち、「自分の意見をはっきり言えっ」と怒鳴ったという。彼は同級生の剣幕を冷笑に伏したが、内心は自分の考えなど何もないことにショックを受けていた。「自分はここに居ることはできない」と感じ、彼にとって学校は「とても恐ろしい場所」と化した。そして、彼は「こんな些細なこと」で不登校になったとは誰にも言えないでいたのだった。

「自分は親や周りの人のものまねで生きてきたにすぎないんですよね」と彼はつぶやいた。私はこの心理療法でも私のものまねになることを危惧し、だからこそ毎回のセッション後に自分が自分であることを鏡で確認する必要があったのかもしれないと伝えた。彼は「そうかもしれない……でも、それを肯定したら同じことの繰り返しですよね」と苦笑した。ただ、そこにはある種の遊びの雰囲気が醸成されていた。

以降、彼の連想は内省的なものとなった。これまでさまざまな実績を残してきたが、そこに自身の意志は介在しておらず、自分が何を望み、どうなりたいかがずっとわからなかったこと、そしてこれまでの生活がまるで死んだようなものであったことが打ち明けられていった。全体的に抑うつ的で、退行的な様相でもあった。以前の饒舌《じょうぜつ》はすっかり影を潜めていた。確かにいま、彼はパーソナルに何かを語ろうとしているようであった。私は解釈を控え、この状況を抱えることに専心した。

しかし、この状況を維持しえない現況があった。学校から退学か再登校かの意志決定を求められてきたのである。そのころのあるセッションで彼は専門家として退学か否かを判断すべきだと私に迫った。私はこの選択の重責を私に預けてしまいたいほどに彼が多大な不安を感じていることを解釈した。彼は「不安とか、そういう話はいまはいいんです」と静かに憤慨した。そして、学校は体裁のためにいつまでも不登校生を置いてはおけないのだろうし、父は元々何かを決定する力はなく、母も頼れる状態ではないとせせら笑った。そして、「結局、俺が決めないと皆困りますもんね」と皮肉な笑いを浮かべた。私は「私や周囲の人のために、この重大な選択を決定せねばならないと考えているんだね」と伝えた。すると彼は「お前にそんなこと言われる筋合いはないっ」と怒鳴り、途中退室した。

翌週のセッションはキャンセルであった。その間に彼は退学を決め、自ら探しだした民間フリースクールへの通学を両親に要望した。両親は戸惑いのなか、最終的には彼の意向を認めた。その後来談した彼は一連の経過を淡々と報告し、退学を選択したことで特に母が深く傷ついたようだと述べた。

セラピー開始から八カ月が経過したころ、彼はフリースクールへの通学を開始した。だが、彼は長年不登校やひきこもり生活を続けていた他生徒を嘲り、自身が進学校に所属していたことをスクール内で公言してまわった。そのため集団には馴染めていないようだった。それでも彼は毎日の登校を継続した。しばらくすると、ある慢性器質疾患を抱え、知的発達に若干の遅滞があると思われる男子生徒と交流するようになった。あからさまに彼はその友人を馬鹿にしていた。しかし、それでも友人との親交は深められた。彼は友人を「賢くはないが、正直に生きている人」だと評し、それは自分にはない生き方だと述べた。

それから二カ月が経過したころのあるセッションで、先日スクール内での行事の話し合いの際、場の意見に否定的な見解しか示さない彼に友人が怒り、そのまま激しい喧嘩になったエピソードが報告された。彼が友人を押さえこむと、友人は涙を溜めて彼を睨みつけたという。そのとき彼は初めて友人に罪悪感を抱いた。自ら不登校の契機となった出来事との類似性にふれ、「自分の考えが何もないから、まわりの人の考えを壊すことしかできなかったのだと思う」と言った。

彼は少しずつ他生徒との関係も構築していった。各々の生徒が各々の事情をもってフリースクールに通っていることを知りはじめた。そのなかで、彼は大学受験のために予備校に通うことを決め、開始から一年がすぎたころに心理療法の終結を申し出た。私は同意した。終結期間として一カ月を設けた。

その間に彼は以前のベルトコンベアの連想を思い起こし、結局そこからは降りられそうもないが、ただ自分が何に乗せられてきたのかは理解したつもりだと語った。それは母であった。ここまで母によって自身の生き方を決定されてきたが、母もまた彼に沿うことでしか生きられず、自分を見いだすことのできない人なのだろうと彼は静かに語っていった。

また、ひきこもっているあいだ、ひたすらに周囲からの蔑みに怯えていたが、その種の脅威も、あるいは周囲からの期待も、すべては自分がつくりだした「陽炎」のようなものだと述べた。そして、「陽炎」に応じる自分もまた「陽炎」にすぎなかったことに彼は気づいた。私は彼が対象の他者性と出会えてこなかったことにふれた。すると彼は「他者というには、父親は遠すぎて、母親はあまりにも近すぎたんですね。ちょうどよい距離に両親はいなかった」と寂しげに応えた。

最終回で、不登校になり、退学したことに悔いはないと彼は言った。それから私との営みにもふれた。彼にとって私の言葉や理解の多くは的外れだった。ただ、私が自分なりに何かを考えて話しており、その姿は自分のためになったと彼は悪戯っぽく笑った。

病理としてのナルシシズムをめぐって

冒頭でも述べたように、ある患者に病理的なナルシシズムを見てとるとき、私たちはそこに何かひとりよがりな様相を、他者との生産的な交流から隔てられ、閉塞的な世界に息づく患者のこころを見いだしているように思われる。しかし、おそらくそれは自分で自分を愛し、自分に没頭するがゆえに他者との交流に開かれないという単純な構図を超えている。

外側から見ると、彼らは自分だけの世界をこしらえて、そこに没入しているように見える。しかし、おそらく彼ら自身はそのことに気づいておらず、さらには自分がどのような人間で、何を志向しているのかも本質的にはわかりえないでいるようである。このことは彼が「自分がない」ことを中核的課題としていたこととも符合する。彼らの問題は他者との人間的な交流に開かれ、そのなかで主体的な自己を成立させていくことがほとんど不可能な事態にあるということのように思われる。

そうであるならば、それはいかなる力動に拠るのだろうか。現代クライン派の見解でいけば、それは万能空想にもとづく投影同一化の過剰使用の結果として理解されるだろう。私はこの見解を軸としつつも、さらに異なる見解を呈示してみようと思う。私の理解では、この問題へのさらなる手がかりを与えているのが、ナルシシズムのプロトタイプともいえる神話ナルキッソス物語である。まずはこの神話を再考することで、私の考えるナルシシズムの力動形態を明らかにし、その後に臨床素材と照合しながら論を進めていくことにしたい。

ナルキッソス物語再考

この物語を一瞥すると、私たちはそこに水辺に映る自身の姿に関心を寄せ続ける美少年の姿を想いえがくことになる。しかし、この神話の多くのバージョンがそうであるように、ナルキッソス自身は水辺に映る自身の姿をそれが自分であると認識してはいなかった。[†註] 彼にとって水辺の像はひとりの他者であった。ただし、それは実体なく、決して交わることのない虚像の他者であり、素材に則するならば「陽炎」としての他者であった。

ナルキッソスが愛していたのはその種の虚像であった。私の理解では、この物語は自分のみを愛し、他者を愛せないことで死にゆく物語ではない。そうではなく、自分で自分を愛していることに気づけず、他者を愛しているという誤解のなかで死にゆく物語である。この誤認によって、彼は自己からも他者からも決定的に隔てられている。そのために彼は対象の発見はおろか、自分が何を愛し、何を志向しているのかも見いだせないままにある。

母子関係のマトリックスと主体の発達とを関連づけた対象関係論的思索が含意するのは、私たちが他者との関係性を媒介とすることでしか、主体の様式を成立させ、改訂し、発展させることができないという前提であった。しかし、ナルキッソスが他者と誤認する水辺の像は実際には彼自身であり、彼に自己を改訂する機会を与えない。彼は豊かな可能性を秘めた他者との関係性から締め出され、永続的に改訂の機会を与えない虚像の他者との関係に呑まれている。

一方、彼は虚像から目を逸らすこともできない。一見して彼はひとりの世界に万能的にひきこもっているが、決してひとりになれてはいない。そこではウィニコット（一九五八）のいう発達促進的な「ひとりでいること（Capacity to be alone）」に浸る余地はなく、虚像の一挙一動に反応し続けねばならない。ウィニコット（一九五六）は「存在すること」が放棄され、環境に「反応すること」を余儀なくされる事態を「環境からの侵襲」と呼んだが、この事態はまさに侵襲そのものといえるだろう。

この意味で、ナルキッソスは生産的な対人交流から隔絶されつつも、虚像の他者からの侵襲に晒される、というパラドクスに投げこまれている。それはあたかも乳児が母親の存在に気づかぬままに抱えられ、ひとりで生き生きと存在する「ふたりでいながらひとりでいる」（Winnicott, 1958）ような発達促進的な空間とのあいだに鮮やかなコントラストをつくりだしているかのようである。いわば彼は「ひとりでもいられず、ふたりでもいられない」のである。

この神話が示すのは、抱える環境を喪失した人物が辿るひとつの末路である。そして、ここにあるのは「本当の自己」（Winnicott, 1960）との決定的な亀裂の感覚であろう。しかし、彼はその亀裂に目を向けることもできず、誤認のなかでかりそめの生を営み続けている。

このように考えたとき、彼らが示すナルシシスティックな状態像の内奥には、抱える環境の喪失と英国学派のいうスキゾイド的なこころの在り様を想定することができるように思われる。このときナルシシズムはスキゾイド機制の二次的派生物として位置づけられることになる。スキゾイド機制は「偽りの自己」によって「本当の自己」を隔離し、隠蔽し、結果としてその発達を停止させる防衛である。そして、ナルシシズムはその隔離や隠蔽そのものを糊塗し、その代替としてナルシシスティックな自己組織を構築する防衛として理解されることになる。ここでいうナルシシスティックな自己組織とは、過剰な投影同一化によって構成され、万能的で、非生産的で、不毛でありながら、偽りの生命感をもつ心的世界を演出する病理システムを指している。

あるいはスキゾイドメカニズムが「真に生きている」という感覚からその個人を隔て、心的な死の感覚（Ogden, 1997）を生起する機制であるとすれば、ナルシシズムはその心的な死の感覚そのものを否認する病理として捉えることもできるのかもしれない。本素材では、トイレでの遭遇から夢の呈示という一連のターニングポイントに至るまで、「自分がないこと」や「死んだような生活を送っていた」という主題そのものが一切俎上に乗せられてこなかったことにこのことが示されているように思われる。

では、ここまでの論考をもとに、患者の精神病理を再構成してみることにしたい。

素材の後半で語られたように、彼に過剰な期待を寄せる（内的対象としての）母の在り方は、彼にとっては侵襲的な作用をもち、彼の偽りの自己の過剰な組織化に結びついていたようである。彼の本当の自己が息づく環境的供給は十分なものでなく、主体的な生を基礎づける「ひとりでいること」のできるプライベートな空間はかなりの程度失われていたのだろう。その一方で、エディプス対象としての父親と疎遠であったことや、主体的存在としての母（ウィニコットのいう「対象としての母親」）の不在は、他者との相互作用のなかで生成され、改訂されていく彼の主体性の発達を困難なものにしたようである。彼は「環境としての母親」によって育まれる、事をパーソナルに感じ、考え、体験する主体性と、一方の「対象としての母親（もしくは父親）」との対人的事態のなかで構築されていく主体性とを同時に失っていたといえるだろう。これらの喪失により、不登校の契機となった同級生の問いかけは、「彼は誰なのか」という実存的な問いへと変形され、自身を想いえがけない彼にとっては迫害的な性質をもつに至ったのだと考えられる。

無論、このようなアイデンティティをめぐる葛藤の生成は思春期・青年期の典型的な事象であり、その葛藤を軸に彼らが閉塞的で自己中心的な様相を呈したり、傲慢さを醸し出したり、世界を不毛で空疎なものとして体験することは十分にありうることである。おそらく私たちは誰もがたえずこうした形の心的な死の感覚をその内に携えながら生きているようにも感じられる。

だが、そうした不毛さや心的な死が、彼ら自身や環境によって抱えられていくならば、その葛藤は生産的な生への試金石となりうるはずである。問題は生きていることに必然的にはらまれる死の感覚が否認され、それゆえに「生きている」という感覚からもその個人が隔てられたときに生じるのだろう。

細澤（二〇〇八）は彼らとの治療に際して「ひきこもりを退行へと変形させること」というアイデアを呈示し、病理的なナルシシズムから発達促進的なナルシシズムへの移行に着目した。私の理解では、それは「疎隔された心的な死」を「抱えられた心的な死」へと移行させていく営みとなる。求められることは、彼らが不毛で、空疎で、心的に死んでいるということを、あるいはその死の感覚を、私たちがとにかく一度引き受けることである。こうして考えると、彼にとって同級生の問いかけは彼のかりそめの生を破綻させ、彼が心的に死んでいることへの暴力的な直面化であったと理解することも可能かもしれない。

そして、そのときの彼にはその問いから不登校という形で退避することだけが唯一の選択肢だったのだろう。

心理療法プロセスについて

私たちの仕事は彼らの心的な死の感覚を抱えることにあり、それは「心的な死を生きる」（藤山、二〇〇八）という きわめて逆説的な営みでもある。

彼らの死の感覚は、分割－排除された形で治療者のこころやセッションの場に投じられ、展開されていく。そして、私たちはその種の死の感覚を生き残る必要がある。本素材において、それは治療者の介入が不毛に帰し、分析の協働性は無効化され、この先に何の変化も期待できないような感覚に身を浸す、そうした状況を生き残ることを意味していた。

この経過を生き残ることに寄与したのは、やはりこの困難を「もの想い」（Bion, 1962）続けることにあったのだろう。本素材は彼の夢の呈示を機に大きな進展を迎えたが、しかしながら、私の感覚では、夢がプロセスを進展させたというよりも、プロセスが進展しつつあったゆえに夢が呈示されたという印象の方が強い。重要なことはやはり彼らの心的な死の感覚を抱え、もの想い、生き残るというプロセスそのものにあったように思われる。

ここで興味深いことは、トイレでのエピソードが明らかにしたように、彼もまた密かに自己の生き残りをかけて私とのセラピーに臨んでいたという事実である。このエピソードは少なくともふたつの文脈を有しており、ひとつはセッション中に搾取され、死滅し、トイレという外部（とはいえ、相談機関全体からみればその内部）にて彼が懸命に復興させようとしていた彼のプライベートな心的空間への治療者による暴力的侵入という文脈である。その暴力性はそのときの私たちの多大な衝撃や緊張に反映されていた。

だが一方で、この遭遇は彼のこころと私のこころが交錯した瞬間でもあった。ここまで各々の体験としてしか形をもちえなかった心的な死の感覚は、この局面でひとつの間主体的な文脈を付与されたようであった。あるいは、私たちの交流がはじめて「分析的対象」(Green, 1975) として立ち現われた瞬間であったと言い換えることもできるだろう。そして、この交わりこそが、後の鏡の夢の創造につながったのだと私は考えている。

このような彼の内的世界への突然の侵入が進展の契機となったのは、やはり、彼の心的な死の感覚を私が一定期間引き受けていたことが大きかったように思われる。もし、私があからさまな希望や生命感をもって彼と対峙し続け、その流れのなかでこの場面に参与していたならば、おそらくはこうした転機は生じなかったのではなかろうか。そのような生命感は彼にとっては単なるかりそめのものとしか体験されなかっただろうし、そもそもトイレというどちらかといえば非生産的な場で、それでも尚、パーソナルな自己を生かし、保持しようとしていた彼の密やかな努力に私が気づくこともなかったかもしれない。

私の理解では、ナルシシスティックな患者との治療における私たちの仕事の第一義は、彼らの心的な死の感覚に生を吹きこむことではなく、誰にも抱えられず、疎隔されていた心的な死を「抱えられた死」へと移行させることにある。そして、「生きている」という感覚やその感覚に裏打ちされた主体性は、そうした「抱えられた死」から自生的に創造され、発現していくものであるように思われる。

鏡としての治療者

最後に本素材における夢の取り扱いについて検討しておきたい。

夢は鏡に映る自分をテーマとしたものであったが、鏡はナルシシズムを考えるうえで重要なアイテムとなっている。私は特に「治療者の鏡機能」がこの夢の創造と取り扱いの要点になっていたと考えている。この項では、治療者の「鏡機能」に関する私見を述べ、夢の取り扱いと私たちの治療姿勢に関するひとつの見解を呈示してみたい。

「鏡としての治療者」という命題を最初に示したのはフロイト（一九一二）であった。以降、この命題が主に中立性や逆転移の問題と絡めて論じられてきたように、彼はこの命題を治療者の自己開示の問題と関連づけて語っている。彼の危惧は、治療者の自己開示によって、患者が治療者当人の分析に没頭し、自身の分析作業を放棄してしまうことにあった。患者が自分自身にではなく、治療者の方に常同的に反応するこの構造は泉に向かうナルキッソスと同型の事態である。ここには治療者が環境的な役割を放棄し、自身の在り方そのものを患者の人生に滑りこませることの弊害が示されているようである。

他方、土居（二〇〇〇）は治療者の鏡機能について、分析関係においては、まず治療者が主体性を発揮し、その主体的な在り方を見ることで患者もまた主体的に生きることが可能になるという相互作用の見地から論を進めている。患者は治療者の外在性や主体性からある程度隔てられねばならない。と同時に彼らは主体的存在としての治療者とも出会う必要がある。この意味で上記のふたりの言説はまるで対極的である。そして、この二極を見事に融合させているのが、私の理解ではウィニコットその人である。

彼は『小児発達における母親と家族の鏡としての役割』（一九七一）という小論のなかで、母親が乳児を見つめるまなざしのなかに、あるいは母親が乳児を捉えるその様式のなかに、乳児は自身の姿を捉え、自身の在り方を見いだすことを示した。このとき母親の担う役割は乳児のもたらすものに同一化し、その素材を乳児に返す鏡としての機能である。この機能こそ、子どもが「自分自身の自己を見いだし、存在することができ、現実感をもつ」（Winnicott, 1971）ことを支持することになる。

この考えは一見するとフロイトのいう「鏡としての治療者」と同一のものである。しかし、ウィニコットが示そうとしていることは、人が誰かの鏡になることにそなわるある種の逆説である。

「鏡としての治療者」という言説は実はきわめて逆説に満ちた提言になっている。なぜなら、もし、乳児に対する母親の同一化とその照らし返しのみを純粋に問題とするならば、その交流内で生起される事柄が乳児のものなのか、母親のものなのか、はたしてどちらのものなのかを識別することは困難となり、それでは乳児が「自分自身のパーソナルな自己」を見いだすことは困難となるからである。乳児が「青色」で、母親が「青色」となったとき、乳児は自分が「青色」であることをその関係から自覚することは原理的にいって不可能となる。

個々の存在が常に他者との「差異」から規定されることを前提とするならば（Kojève, 1934）、乳児はこの鏡体験のなかで、「私（me）」（鏡に映った自分）だけでなく、「非‐私（not-me）」にも、つまりは「母親の様式」（鏡そのもの）にも出会わなければならない。自身が照らし出されると同時に、自身とは「異なる何か」をそこに見いださなければ、乳児はそこでの体験から「自分自身」を発見していくことは不可能となる。すなわち、乳児は母親のまなざしのなかに、自分自身の姿と母親の姿（母親の体験様式）を同時に見いだしているのである。

この鏡体験は乳児もしくは患者のなかの「私‐性」と「非‐私‐性」とを共存させる。それは患者の主観的対象となりつつも、彼らとは本質的に異なる他者として現前するといった逆説的な治療者の姿勢と呼応する。このように考えると、治療者の鏡機能がもたらすものは、「私」と「非‐私」が共存し、「自分自身のパーソナルな自己」を創造する「可能性空間」（Winnicott, 1971）の生起であると捉えることもできるだろう。本素材における夢の呈示とそのやりとりは、この「可能性空間」が創造された局面であったと思われる。

夢は彼の自己喪失をテーマとしていた。そして、夢に対して何も想いえがけない私はその瞬間にパーソナルな「私」を喪失していた「私」を意味し、それは彼との同一化をこれまで以上に明瞭に経験した「私」でもあった。ここでの同一化の気づきは私に事態を外から眺める視座をもたらし、私の注意を夢の内容ではなく、その呈示様式という外枠へと向けさせた。この視点のシフトは彼に意外性をもたらしたようであった。この瞬間、私たちはすべてが既知の閉塞的な空間の外部を、すなわち「非‐私‐性」を——彼は「意外」な視点をもった治療者を、私は自身の介入に対して「意外性」を示した彼を——それぞれに体験したのだろう。このプロセスを経て、彼のこころに遊びの余地をもつ可能性空間が生成されはじめたのだと思われる。

とはいえ、一方で治療者の他者性の顕現は依然として侵襲的な作用を帯び、直後のキャンセルや母への暴力に転化された。しかし、それでも彼は自己を見つめる新たなまなざしを得て、自身のさまざまな側面を思考するようになった。何よりもセラピーの場が遊びの雰囲気を帯びはじめた。その後に彼が退行的な様相を呈しつつも、進路決定などの外的な営みを両立させることができたのは、彼が自身や世界や他者との関係を「遊べる」ようになったことが本質的に重要であったと私は考えている。

おわりに

本章では、ナルシシズムの力動的形態を再考し、主体性の欠如、心的な死の感覚、治療者の鏡機能などの考えをもとに論を進めてきた。

この病理を論じるにあたり、主体や主体性という概念を用いることはある種の危うさをはらんでいる。それは「主体性」という感覚を定義づけることの困難に起因し、ややもすると私たちを哲学的袋小路へと誘う可能性があるからである（狩野、二〇〇二）。

しかし、私にはむしろこうした困難こそがこの病理の中核に座しているようにも感じられる。彼らとの心理療法において「私は誰なのか」という問い、その問いに対して彼らなりのパーソナルな答えを創出しようとする苦心は避けえないように私には思える。

シミントン（一九九三）はナルシシズムをあらゆる精神病理の源とした。私はその基底に本当の自己の亀裂と心的な死の感覚の存在を想定した。この病理はある意味では人が人たる所以を問いかけているのかもしれない。そして、その問いは「ナルシシズム版スフィンクスの謎かけ」といった言葉で表明されてもよいものかもしれない。

†註

神話のストーリーについては諸説あり、オウィディウスの『変身物語』（中村、一九八一）においては、ナルキッソスは泉に映る像が自分であることに気づいていたと記されている。

一方、パウサニアスの『ギリシア案内記』や、現代においては、高津春繁の『ギリシア・ローマ神話事典』、ベリンガムの『ギリシア神話』、グラントらの『ギリシア・ローマ神話事典』、あるいは『世界神話大事典』(Yves Bonnefoy, 1993)では、ナルキッソスは誰を愛しているのかをわかっていないことが明記され、特に最後の『世界神話大事典』では「ひとつを除く（おそらくは『変身物語』）あらゆる異説において、ナルキッソスは誰を愛しているのかを知らない。自分を愛しているとは夢にも思わない」と記されており、本論の主張と同じく、自身の姿を他の誰かとして認識していた「錯覚状態」にこの神話の本質的な悲劇を見いだしている。

とはいえ、そもそも神話（特にギリシア神話は）とは都市のフォークロアであり、さまざまに異なる形で流布されたストーリーのなかでどれが真実かを見極めることは困難である。今回は私が可能な限りで調査した結果、もっとも信憑性が高いと思えた「ナルキッソスは泉に映る人物をそれが自分であるとは認識しえていなかった」というストーリーをもとに論を進めていくことにしたことを付記しておきたい。

第四章 解釈と交流

本章では心理療法家が解釈することの意義について、主にウィニコットおよびオグデンのアイデアをもとにして考えてみようと思う。ここでは特に「解釈の内容」ではなく、「解釈をする」という行為そのものに焦点を当てながら、その意義について検討していくつもりである。

心理療法における主体

精神分析もしくは精神分析的心理療法において、解釈はたえず特別な位置を占めてきた。目に見える治療者のはたらきかけを基本的には解釈のみに特化することで、精神分析はその独自性を輪郭づけてきた。

裏を返せば、この「治療者が患者に向けて解釈をする」という行為を軸にすることで、この営みはそれ以外の心理療法とのあいだに微妙な距離をつくりだしてきたといえるだろう。その距離感は、その他の学派的オリエンテーションをもつ臨床家から学会や事例検討会の場でしばしば投げかけられる、「その介入はあまりに解釈的すぎる」という指摘や「その解釈はこの患者には厳しいのではないか」といったコメントにも反映されている。

前者の「その介入はあまりに解釈的すぎる」という指摘には（よく考えると理解に苦しむ日本語ではあるが）解釈を

行うことが患者と治療者のやりとりを単に知的な語らいへと変質させ、治療者の理解によって患者のこころが同定され、その発展可能性が損なわれてしまうというふくみがあり、後者のコメントには何らかの理解を生産的な形で受けとる準備がいまだ患者には整っておらず、治療者の理解が患者のこころの内奥を暴力的に抉《えぐ》り出し、侵襲的に作用してしまうといったニュアンスがこめられているようである。そして、多くの場合にこうした指摘やコメントはその解釈の内容を超えて、解釈という行為そのものに向けて投げかけられているようである。そのうえで解釈の代わりに強調されるのが、患者のこころに寄り添い、それを味わい、それを体験的に理解するという姿勢である。

このような言説から浮かび上がるのは、「解釈という行為を極力差し控えながら患者と共にいる」といった治療者像であろう（そして、実践場面のみならず、プロセスノートやプログレスノートにおいても、治療者の想いや介入の記載は最小限に留められ、紙面のほとんどが患者の語りや様態に占められていくことになる）。ここには心理療法の主役はあくまで患者であり、彼らのこころこそがその営みの中心に据えられるという考えが前提とされているようである。然らば、患者のこころの自然な進展を治療者がなるべく邪魔しないようにすることは至極当然の配慮となる。

私自身はこの種の指摘やコメント自体にはほとんど異論はない。治療者の解釈がときに患者のこころの進展を阻害し、暴力的に作用することは確かな事実であり、それはフロイト自身、一九一〇年の『乱暴な分析』論文や一九三七年の『構成の仕事』論文などを通じて度々指摘してきたことである。

だが、その前提についてはどうだろうか。心理療法では患者の内的世界の探索に特権的地位が与えられていることは間違いなく、私たちはその探索に付き添うことで金銭を得ている。しかし、それはあくまで「患者」と「治療者」という役割の違いであり、心理療法という場に生起する「現象」としては必ずしも患者がその主人公であり、中心に座しているとは限らないように私には思える。そして、おそらくは精神分析的な志向もまた「患者のこころこそがその営みの中心的要素になっている」とは考えていないはずである。といって、もちろん治療者の理解がその中心に据えられるわけでもない。

そもそも精神分析は、ある事態やある状況において、人が（自我が）いかに「自分自身という家の主《あるじ》ではいられない」（Freud, S., 1917）のかを、言い換えれば人間存在の根本的な脱中心化というテーマを前提にその論を練り上げてきた。コペルニクスによって私たちが棲むこの星が宇宙の中心的な場ではないことを示されたように、ダーウィンによって私たちが動物とは隔絶された神に近い存在ではないことを知らされたように、フロイトが行ったことは「意識と精神は同一である」という錯覚を打ち崩すことで、人を「自分自身から脱中心化された存在」として捉えるという理論的革命であった（Ogden, 1994）。

さらに、その後の対象関係論的思索が明瞭にしたことは、分析状況においては患者と治療者のどちらかが中心に据えられるほどに、そのふたりのこころを切り分けて捉えることなどできないという臨床事実であった。ポストクライニアンのいう「投影同一化」――患者のこころが治療者のこころとなりうる――という考えや、ウィニコットのいう「ひとりの乳児などいない」――いるのは母子のペアであり、乳児のこころは母親のこころとの相関において規定されていく――といったアイデア、さらには「転移－逆転移のマトリックス」（Ogden, 1986）といった観点はこのような理解をもとに発展してきた概念である。

患者と治療者の双方が自分自身という家の主ではいられず、心理療法という場の主は治療者でもなければ患者でもない。このような前提をもとに心理療法という場における「中心」をあえて想定するならば、それは患者と治療者の相互の関わりや体験の交錯によって生みだされる間主体的な事態ということになるだろう。それは患者のこころでもあり治療者のこころでもありながら、患者のこころでもなく治療者のこころでもない、それぞれのこころの力動的な交錯によって構築された第三項的な存在である。そして、オグデン（一九九四）はそれを「分析の第三主体」と名づけた。

患者と治療者はこうした間主体的な第三項をそれぞれに体験しながら――「分析の第三主体」によって媒介された自分自身と相手とを体験しながら――心理療法の場に息づいている。そこで感じられ、考えられ、体験されることは、この「分析の第三主体」によって色づけられていく（とはいえ、これは赤色と青色が交り合って紫色となり、それぞれが紫色に染まっていくという話でもない。患者と治療者それぞれの間主体的な第三項との交わりは決して完璧な同一の経験にはなりえない。なぜなら、患者と治療者は各々に固有の〔生育史全体と独自の人生経験をもとに体験を組織化していく〕人格システムと固有の役割〔一方の内的世界の探索に強い特権的地位が与えられており、一方が自由連想し、一方が解釈し、一方が横臥し、一方が身体を起こしている……といった非対称的な役割〕でもって、この「分析の第三主体」との関係に参与していくことになるからである〔Ogden, 1997〕。色の比喩を続けるならば、ここでは赤色は赤色なりに紫色と交流し、青色は青色なりに紫色と交流していくといえるのかもしれない）。

そこには確かに治療者との交流を媒介とした新たな体験の可能性が芽生えつつある。先の「患者のこころに寄り添い、それを味わい、それを体験的に理解する」という治療姿勢は、私の理解では、「この種の間主体的な構築物と交わり、それを味わい、それを体験する」こととなる。

しかしながら、このような相互作用をただ体験しているだけでは患者の変化には寄与しないように思われる。それは必要条件ではあっても十分条件にはなりえない。なぜなら、変化とは単に何らかの新しい体験を享受するだけでなく、その体験を十全に受けとり、もちこたえ、それについて考えることのできるような、「体験の著述者」（Ogden, 1986）となりうる視座の確立によってはじめて達成されるものだからである。心的体験という「中身」の変化と共に、その中身を容れるための「容器」（その体験を考える私）の変化も必要とされている。変化のためには、「分析の第三主体」を通じて生成された新たな心的体験を、患者と治療者の双方が各々に「物語る」ことのできる視座を獲得しなければならない。そして、それを物語ることのできるひとりの「主体としての私」を、患者と治療者はそれぞれにこの間主体的な状況から新たな形で取り戻さなければならない。

精神分析の知をもとに私が考える心理療法の場とはこのような場である。それは患者中心でも治療者中心でもなく、ふたりの交わりがつくりだす「分析の第三主体」が中心となる場であり、その間主体的な第三項をただ体験するだけでなく、その交錯から患者と治療者がそれぞれにふたたび主体としての自分を取り戻そうと努める場でもある。

このように考えたとき、治療者の解釈はもはや「無意識の意識化」といった古典的な目的を超えた形の意義を帯びることになる。治療者が解釈するということ、すなわち治療者が患者のこころやその場に生起している事態についての自らの見解を差し出すことは、この種の間主体的な事態から、まずは治療者がひとりの「主体としての私」を取り戻そうとする試みとして捉えられることになる。そして、「環境としての母親」に包まれていた乳児が（独自の思考や感情をもつ）「対象としての母親」との交流を通じて一個体の自己をつくりあげていくというウィニコットの思索が示すように、治療者の新たな主体性の立ち上げは、患者の新たな主体性の立ち上げに寄与する可能性をはらんでいる。

それゆえに、治療者が解釈するということ、その解釈を機に患者が何かを考えはじめるということ、このふたつの作業には必然的に分離の感覚がともなわれることになる。それはふたりの交わりによって創造された間主体的な事態を生きる――「ひとつの体験を生きる」（Winnicott, 1945）――ことからの分離によって、さらにはその体験に「息づいていた私」とその体験について「考える私」との分離によって、喚起される感覚である。

だが、こうして取り戻された（新たな形で生成された）それぞれの「主体としての私」は、プロセスの進展とともにさらに新たな形の間主体的構築物を生みだし、その構成要素となっていく。この営みにおいては、体験と思考、結合と独立、間主体性と主体性とのあいだにたえず弁証法的な運動が巻き起こり、変化はこのような運動の蓄積を通じて達成されるのだと私は考えている。

解釈の響き

治療者の解釈は、治療者と患者の交わりによって創造された間主体的な状況から各々の主体性を取り戻そうとするひとつの試みであると同時に、新たな間主体的状況の構成要素にもなっていく。

そして、解釈という行為をこのように捉えるとき、最近の私は患者のこころやそこに巻き起こっている事態をどのように「認識するのか」という「解釈の内容」だけでなく、その解釈が患者のこころや現在の治療状況に——すなわち、その「場」に——どのように「響いていくのか」という「解釈の響き」にも注目することが肝要であるとますます感じつつある。

「認識」というとき、私たちは患者の自由連想や自身が織りなす言葉の「背後」にある何らかの意味をつかもうとしている。一方、「解釈の響き」への着目はその語られている言葉の「なか」に現存する効果を味わおうとする試みを指している。それは言葉が「何を表すのか」ということではなく、言葉が「どのように使われているのか」ということを知ろうとする試みでもある（Ogden, 2001）。

ある解釈を語る治療者の声はどのような響きをともなっているのだろうか。それは冷たいのだろうか、あたたかいのだろうか、硬いのだろうか、柔らかいのだろうか、突き刺すようなものなのだろうか、包みこむようなものなのだろうか。たとえば抵抗解釈を行うとき、私たちの声はどのような響きをともなっているのだろうか。それは抗うこころを取り押さえようとするような響きだろうか。あるいは何かから目を背けて生きざるをえない悲しみとの共鳴となっているのだろうか。内容解釈を行うときはどうだろうか。その声の轟きは患者よりも何かを知っている存在であることの証左となっているのだろうか。あるいは未知の何かを探求する協働探索者としての好奇心とそのパートナーへの労《いた》わりに満ちたものとなっているのだろうか。転移解釈についてはどうだろうか。その声は切迫する患者との関係性の外側へと一時的に脱した安堵をふくんでいるのだろうか。あるいはその切迫する関係のなかに留まりながら、それでも尚、何かを考えようともがくなかで紡ぎだされた声になっているのだろうか。

ここではさまざまな「響き」のコントラストを強調するために、あえて対称的な書き方をしてきたが、私は前者の「響き」よりも後者の「響き」に向けて努力すべきであるといいたいわけではない。というよりも、そもそもここでいう「解釈の響き」は私たちの意図的な計らいによって思い通りになるものではないと私は考えている。

私たちは解釈の「内容」については意図的に選択することができる。だが、一見穏やかな声色のなかに潜む辛辣さというものを、あるいは木で鼻を括ったような口調の底に流れる情愛の響きというものを、瑞々しい生命力に満ちた声や枯れ果てた静謐な声というものを、私たちは自らの意志でどれだけ奏でることができるのだろうか。そのような声の響きは「思いがけず」創出されるものであり、そもそも、そうした効果を意図的に演出しようとすれば、そこにはある種の欺瞞が蔓延《はびこ》るはずである（俳優や声優ならばこうした声の響きを意図的に演じることができるだろう。だが、心理療法家の仕事は「意図的な」演出ではない）。この「解釈の響き」というものが情感を巻きこむ形で生みだされ、情緒というものが基本的には他者性を帯びたものである限り（私たちは怒りを「湧かせる」のではなく、怒りは自生的に「湧く」ものである〔藤山、二〇一〇〕）、それは必然的に私たちの範疇を超えて自生的に広がることになる。たとえば次の瞬間には、私たちはこれまでの人生のなかで一度も聞いたことのない声で何かを語っている可能性さえある。

この「解釈の響き」という素材を技法的に使おうとするならば、その「響き方」そのものをどうにかしようとするのではなく、その「響き」の形態を分析することで、その場に生起していることを理解していくしかない。それはちょうど暗黒の海底面を探査する超音波ソナーのようなものであり、私たちはその残響に耳を傾けることで、そこに生起されている事態を輪郭づけようと努めることになる。

事例　「エレベーター」

ある独身の成人男性が重篤なうつ症状と公共の乗物内での脱力発作を主訴として、私との心理療法に取り組みはじめた。

患者は幼少時から人との親密な関係をほとんど体験せずに生きてきた。他児がある子どもを蔑んだり、罵ったり、そうでありながら仲良くしようとしたり、唐突に泣いたり、怒ったり、笑ったりすることが、彼にはまったくの謎めいた行動として感じられていた。それゆえに彼はしばしば学校内で強烈なパニックに陥り、その混乱を隠し通すために多くの労力を注がねばならなかった。

成人後の就業もうまくはいかず、ひとつの会社である程度順調に出世を果たすと、途端に世界が色褪せたように感じられ、数年はたらいては辞職するというサイクルを繰り返した。その後、個人事業に失敗して多額の負債を抱えたころに、両親が立て続けに病死するという事態に見舞われた。この出来事を機に患者は抑うつ感を強めて就業困難となり、福祉的支援を介して生活を立て直したところで、私との週一回五〇分のカウチ設定によるセラピーに入ってきた。

最初の対面設定における面接において、患者は表情乏しいままに上述した内容について語っていった。その際に私が気になったのは、親指と人差し指を一定のリズムで小刻みにくっつけたり離したりする手遊びであった。そのようなしぐさや全体的な印象から、私は彼を自閉スペクトラムに位置する人として評価した。だが、この感覚は次第に薄れていくことになった。その後の経過において、彼が象徴性に富んだ豊かな連想を呈示し、解釈にもそれなりに情緒的な反応を示したゆえである。

患者の父親はある社会運動に参画していたが、浅薄で横暴な人物として、一方で母親は抑うつ的で社会適応に困難をきたしていたが、とても保護的な人として語られた。世界がまったく色褪せて感じられていた子ども時代に、彼が唯一救われる想いがした時間が母親による絵本の読み聞かせの時間であった。それは本を素材にふたりでさまざまに空想を広げ合う創造的な時間であり、彼はその時間に美しさすら感じていた。普段は硬く険しい表情の母親がつくりだすこの「柔らかな」雰囲気に満ちた時間は彼の至福の時となっていた。このような母との関係性は彼の恋愛関係（患者はメンタルヘルスに不調のある女性とのあいだで、情熱的でありながら耽美的でもある恋愛関係を築くことが多かった）やこの治療関係とも結びつけられ、彼が社会や職場で感じてきた「皆が自動機械のように生きている世界」とのコントラストのなかで理解されていった。さらに、主訴の公共交通機関内での脱力発作は、こうした「機械的な社会」によって彼の自己基盤となっているこの種の美的な世界が暴力的に粉砕される恐れに根ざした反応として捉えられていった。

しかし、それからしばらくすると、彼はこの脱力発作にはある種の恍惚感もふくまれていることを明かし、そこから自身のなかの破滅的な志向に目を向けるようになった。両親の逝去時も、悲しみよりもこのような自身の破滅的志向に彼らを巻きこまずに済んだことへの安堵の方が強かったと述べた。

だが、そこからさらに数週間が経過したころに、「美しい花が咲き誇る丘の上に自宅があり、帰ると全身が骨だけの母が淡々と家事をしている」という夢が報告された。この夢によって私たちは「自身の破滅的志向から対象を保護する」というストーリーもふくめた彼の美的な物語そのものが喪の作業の進展を阻んでいる可能性について検討するようになった。

そのような経過のなか、患者はさらに興味深い夢と連想を呈示した。

頭が人間で身体が蛇のようになっている男女が床一面にひしめき合っている。ぬるぬると絡み合っており、彼はその様子を上からガラス越しに眺めている。ここでその奇怪な集団めがけて鷹のような戦闘機が飛んできて、蛇たちを蹴散らしていった。

患者はこの夢からは性的なものを感じるが，同時に何か狂気のようなものもはらまれている印象があると話した。しばしの黙考後，さらに彼は幼少時から幾度もみている「水銀の川が流れ，エメラルドの岩に当たって飛沫がはじけている」という夢について連想し，それから学童期に発熱した際に体温計を割ってしまい，なかから出てきた水銀を指でつまんで遊んでいた記憶について語った。

一連の素材から，私は彼のこころには二種の対極的な世界が併存しているのだろうと想像した。そのひとつは原光景的世界（＝男女の蛇の絡み合いとそこに割って入る戦闘機）と母の乳房－乳首と戯れる世界（＝水銀との戯れ）という対によって構成され，もうひとつはその美的な乳房（＝夢の美的な風景）とそこにふくみこまれる毒性（＝水銀でできた川）という対によって構成されていた。これらの素材から，これまでは「社会」（＝仕事，公共的な乗物，父）こそが自身の美的で創造的な世界（＝夢の美的な風景，乳首として水銀，母との絵本の読み聞かせの時間）を蝕む対象として捉えられていたが，その美的な世界こそが毒性をはらんでおり，彼の心的な栄養にはなりえていなかった可能性について探索を進めていくことになった。

この心理療法はそれなりの進展をみせているように思えた。実際，彼はボランティア活動に取り組み，再就職への意欲もみせはじめ，これまで忌避していた「社会」との接点をつくりだそうとする動きを展開させつつあった。だが，開始から数年経ても，いっこうに変わらない部分があった。それは乗物内での脱力発作であり，数カ月に一度，この症状は突然に彼の身に降りかかってきた。私のもとを訪れる際にもそれは起こり，そのようなときのセッションは決まってひりつくような緊張が場を覆い，彼は何も考えることができず，ただただ自身の不甲斐なさを吐露するばかりとなった。そして，私もまたその意味合いを考えあぐねていた。

このような経過のなか、あるとき私はこの患者のセッションの次の時間に会っている患者から、「最近、特に面接の最初の方ですけど……先生の声が何か冷たい感じがしています」と指摘された。この患者とは長い年月を共にしていたが、こうした馴染の患者から発せられたこの指摘を私はとても意外なものとして受けとった。考えてみれば、このときまで私は自身の声の響きといったものに特に注目したことなどなかったからである。

自然に私は本素材の患者とのセッションにおいても自身の声の質感に、すなわち私の解釈の「何が聞かれているのか」ということ以上に、それが「どのように聞かれているのか」という事柄に注意を向けるようになった。

すると、確かに私の声は冷たく、機械的で、平板な響きをともなっているように感じられた。彼が連想し、私が解釈するという営為が、あたかもコインを入れたら品物が出てくる自販機のような硬質な営みとなっているような気もした。この予定調和の感覚は、彼の連想や私の解釈の内容よりも、彼が連想し、私が解釈するというこの営みの全体的な雰囲気のなかに微妙な形で反映されていた。私のなかでこのような感覚水準の体験が賦活されるにつれ、かつての自分がこの患者の自閉的な性状に強く印象づけられていたことを思い出した。改めて患者を見なおすと、カウチ設定により目立たなくなっていたが、彼があの例の一定のリズムを刻む指遊びを本当に密やかに持続させていたことに気づいた。彼が「社会」に投影していた、機械的で、人間性を欠いた世界は、私の声やセラピー全体の雰囲気やその指遊びのなかにもちこまれていたのだろうと私は考えはじめた。

だが、この種の感覚的な水準からつかみだしてきた理解は尽《ことごと》く否定された。彼は治療者は十分に人間的であると述べ、この治療によって自分が随分と良くなってきていることを主張した。だが、その声には微妙な焦りと取繕うような響きがあった。

それからしばらく後のセッションに、彼はひどく重苦しい様子で現れた。やはり公共交通機関内での脱力発作に襲われたゆえであった。彼は乗物内で物言わぬ人々に囲まれていると何ともいえない圧迫を感じると語り、そのまま長い沈黙に入った。

しばらくして、彼はふいに「先生はエレベーターに乗ったときに恐くなったことはないですか?」と尋ねた。私がどのような恐さなのかを問うと、彼は次のように答えた。

「私が恐いのは、あの『上に参ります』という機械音声です。ひとりで乗っているとき、あれが突然違う言葉を話しはじめたらと思うと、気が狂いそうになるときがあるのです」と。

私はまったく唐突に彼の恐怖の本質を突きつけられたような気がした。

それは単に人間が機械的であったり、冷たかったり、生の感覚を欠いていることにあるわけではなかった。そうではなく、機械的で、死に絶えた、非人間的な物体としての対象が、あたかも生命を宿しているかのように感じられることこそが彼の恐怖の源になっていることをこの連想は示しているようであった。

人が自動機械のようであるならば、それはそれとして彼にとっては安心できることなのだろう。だが、対象が死んでいるのに生きているような、物でありながら生命の兆候を感じさせるような、そうした対象にそなわる不気味さこそが彼のこころの基盤を崩壊させかねない恐怖を喚起していたことに私はようやく思い至った(このことは幼少期の他児童への印象を通して、最初の段階で彼の口からすでに語られていた)。そして、以前に呈示された「母親が骸骨になっている夢」は喪の作業の停滞という文脈以上に、ここに述べたような不気味さをあまりにもストレートな形で(象徴性を欠いた形で)表していたのだろうし、「蛇の夢」はこうした不気味な対象に戦闘機という機械的な存在によって打ち勝とうとする、この種の恐怖への彼の対処の試みが示されていたのだと私は考えはじめていた。

私は以下のように伝えた。すなわち、乗物内で彼は懸命に人を「物」として感じようとするが、それでもその人間がやはり生きており、何かを感じ、考え、体験していることにこそ多大な恐怖があるのかもしれない、と。

するとと彼はその公共の乗物内ではいつも一定のリズムを頭に流し、周囲の人だけでなく自分自身をも機械的な「硬い殻のなかに覆ってしまう」ことでその場をやりすごそうと必死になっていることを語った。そして、社会生活がある程度うまくいっていたころは自分と周囲の考えや動きがすべて合理的に計算できるものと考えていたが、それができなくなったころから生きることが苦しくなったように思うと述べた。

私は「あなたは自分のなかに人間的なこころが実感されるようになったことで、苦しみを負うことになったのですね」と伝えた。このとき私は自分がとても柔らかで繊細な彼のこころの部位にふれていると感じていた。そして、この解釈をとても慎重な言葉遣いで伝えている自分にも気づいていた。

彼は自分がまったくわけのわからない存在になってしまったと思い、根底から自分が崩れていくような感覚があったと消え入るような声でつぶやいた。

その声には多大な不安がこめられていた。ただ、その弱々しく、繊細で、すぐにでも傷ついてしまいそうな不安に満ちた彼のこころを、このときの私たちは丁寧にふたりで抱えることができているように私には思えた。以降の経過のなかで、日常生活では死んだように生きていた母が、彼との絵本の読み聞かせの時間になると唐突に想像的で豊かな時間をつくりだす存在と化すことに、内心わけのわからなさとある種の不気味さを感じていたことが想起されていった。

また、彼は密かに精神分析の文献を読み漁り、この場を懸命に「精神分析らしく」しようと努めていたことを明かした（ふりかえって考えると、この心理療法は「あまりにも精神分析的な素材」に満ちていた。私たちはこの事態を終始「上からガラス越しに眺め」続けてきたのだろう）。そして、それはこの場を「精神分析というモノ」にし、機械的で予定調和的な世界に仕立てることで、治療者や自分がわけのわからない人間的な存在として立ち現われることを防ごうとする、彼の意識的、無意識的な努力を反映していたことが理解されていった。

このような経過のなか、乗物内での脱力発作は徐々に和らいでいった。代わりに彼はほとんどの人が享受している「情緒的で人間的な何か」から自分が完璧に疎隔された世界を生きていることの孤独感と、その一方にある安堵の感覚について想いめぐらせるようになっていった。

この臨床素材は、自閉スペクトラムに位置づく人々にとって、機械的で、単調で、ノンヒューマンな感覚的性状に基礎づけられたこころのなかの自閉的部分こそが、彼らの生とその安定の根拠になっているという当然の事実を私に改めて実感させた。

当初の一見象徴性豊かにみえる交流は、「精神分析らしさ」への患者の付着的な同一化（Meltzer, et al. 1975）によって成立していたものであり、それは彼にとってはわけのわからない、生と死の感覚が混在した「不気味」な何かが――すなわち「人間的な何か」が――突然に噴出することを防ごうとする彼のたえまない意識的、無意識的な努力を反映していた。

患者はモノとして認識している対象が本当は生きているという事実に不気味さと恐怖を抱いていた。ゆえに、人間性を欠いた機械的な自己－対象部分こそが不安の源泉になっているという私の理解は、彼の本質的な恐怖とは真逆の方向に向かう理解となっていた。とはいえ、私が自身の「声の質感」という感覚的な性状に着目し、患者の自閉的な様相を再認識したところから事が動きはじめていることは注目に値すると思われる。

オグデン（一九八九）は人のこころが三つの「体験を組織化するディメンジョン」、すなわち妄想－分裂ポジション、抑うつポジション、自閉－隣接ポジションの弁証法的な力動的相互作用によって成立していることを示したが、私の機械的で硬質感に満ちた「解釈の響き」は患者自身の自閉－隣接ポジション水準の体験世界（＝「硬い殻」）と結びついていたようであった。そして、このような転移－逆転移のマトリックスに対する私の言及は、「治療者は十分に人間的であり、自分は随分と良くなっている」という患者の「取繕う」ような声によって応じられた。

この返答内容そのものは偽りの賛辞であり、言葉とは裏腹に私たちの関係を非人間的な形に留めようとする動きをふくんでいた。だが、私の発言を「取繕おう」とする彼はいかにも人間的であった。核心を突かれそうなときに生じる焦りや誤魔化しや取繕いといった、誰にでも経験あるこの種の人間的な反応を、彼もまた「声の響き」を通じて密やかに（唐突な生命感の発露とは異なる形で）示した。そして、この人間的な体験の萌芽こそが、モノであるはずの対象（と彼自身）に生命が宿っていることへの恐れを示す「エレベーター」の連想へと結実していったのだと考えられる。

この患者がこの種の人間的な体験にまつわる葛藤をワークスルーしていくには、さらに数年の歳月を要した。私はここに紹介したプロセスにおいて彼が人間的な体験を十全に生きていく道筋を獲得していったと考えているわけではない。この「エレベーター」の連想が呈示されて以降のセッションは、彼のいう「精神分析らしい」プロセスを踏んでいただけのようにも感じられる。もし、彼が自閉的な常同的コントロールを凌駕するほどの「心的に生きている」感覚を十全に体験しはじめたならば、治療関係は生育史にあるような「混乱とパニック」に陥り、「根底から自分が崩れていく」方向へと転がり落ちていったはずである。ここまでの過程のなかで、「心的に生きている」という感覚の突然の噴出を恐れ、機械的で、予定調和的な世界に留まろうとする間主体的な状況が決定的な変化を被ったわけではない。この間主体的状況は依然として継続されているように思われる。

だが、上述のやりとりを介して、私たちがこの「心的に生きている」という体験を享受する準備を整えはじめたことは確かであった。「エレベーター」の連想という、生き生きとした連想を突然に呈示された衝撃を味わうことで、私もまた機械音声のなかに突然に生の兆候が噴出してくる不気味な「エレベーター」の世界に同乗し、彼の繊細で柔らかな不安にゆっくりと（あるいは、恐る恐る）向き合いはじめていた。その後に彼の乗物内での症状が緩和されたのは、この脱力発作（硬質な形態が突然に瓦解する事態）が彼の柔らかな人間的なこころの顕現と結びついていたことの証左であったと思われる。

そして、「硬い殻」が唐突に打ち破られて「柔らかな人間的なこころ」を噴出させるようなやり方とは異なる形で（普段は硬く険しい表情の母親が、突然に柔らかな姿へと変質する絵本の読み聞かせの時間とは異なるやり方で）、私たちはこの硬質感に満ちた非人間的な世界の価値とそれにともなわれる孤独の苦痛とを弁証法的に対話させる場を生成しはじめたのだと私は考えている。

スキゾイド状態と解釈による交流

ここまでのところで、解釈という行為が、心理療法の場に生起される間主体的状況から、ひとりの主体的存在として治療者が立ち上がっていくためのひとつの努力の顕れであることを示してきた。

だが、心理療法においては、ときに治療者が主体的存在となる（患者の内的世界の延長線上を生きる存在ではなく、独立した思考、感情、体験の組織化様式をもつ存在として患者の前に立ち現われる）こと自体が非生産的に作用していくような状況が生起する。それはスキゾイドパーソナリティの特性をもつ患者との心理療法である。その独特の困難を明瞭にするために、まずは精神分析的な思索のなかでスキゾイドという心性がどのように捉えられてきたのかを概観しておこう。

このエリアにおいて最初にスキゾイド状態についてのまとまった見解を報告したのはフェアバーン（一九四〇）である。彼はスキゾイド状態を、「万能的態度」、「孤立的で超然とした態度」、「内的現実への囚われ」といった特徴にまとめ、この特性が統合失調症患者から特に症状のない人まで、人間全般に広範にわたって認められる機制であることを主張した。その理解によれば、スキゾイド状態は口愛期における満足と不満足の葛藤に、すなわち乳房を吸うべきか吸わざるべきか、対象を愛するべきか愛さざるべきかといった葛藤にもとづいている。口愛的不満足を「自身の愛に対する対象からの拒絶」という文脈で受けとると、乳児は自身の愛を危険視し、愛を享受する能力を大幅に制限することになる（Love is destructive）。そして、愛情希求の抑制が進行し、次第に憎しみを膨張させて敵意に満ちた内的世界が構築されていくと、遂には憎むことが悦びとなり、愛によって対象を破壊する前に憎しみによって対象を積極的に破壊する事態へと陥っていく。フェアバーンはこうした悲劇的な事態にスキゾイドの病理を見いだしていた。

このようにフェアバーンがどちらかといえば患者の能動的な在り方からスキゾイドの病理に迫ったのに対し、ウィニコットは「環境からの侵襲」という主体にとっての受動的な体験にこの病理の起源を見据えていた。これまでの章でも部分的にふれてきたが、ここで改めてウィニコットの発達論をまとめることで彼の考えるスキゾイド状態を明瞭にしてみようと思う。

ウィニコットの考えでは、出生まもない乳児は「環境としての母親」によってこの世の現実から――外的現実がもたらす欲求不満状態や、自身が自らの力のみではその生を維持しえないまったくの無力な存在であるという事実から――保護的に隔離されている（Winnicott, 1963）。乳児は母親の「原初の母性的没頭」（Winnicott, 1956）による完璧な世話（この完璧さは母親の献身と乳児の認知能力の未発達によって成立している）のなかで生存に必要なものをすべからく供給されている。

このとき、乳児は自身が何かを望む前に必要なものを供給されるゆえに、母親が乳房を提供しているという事実に気づかず、自身が乳房を創造しているという万能的な錯覚的世界を生きていく。その意味で彼らの世界にはいまだ対象は存在せず、彼らは母親に抱えられていながら同時に「ひとりでいる」。乳児は何も考えず、何も望む必要なく、ただひたすらにそこで「生きている」（Winnicott, 1952, 1956, 1958）。このような不可視の対象のもとでの絶対的な庇護こそが乳児の「本当の自己」を基礎づけ、「生きている」という感覚の母体となっている。そして、この種の母親の庇護こそがウィニコットのいうホールディングである。

発達早期の乳児は自我組織の未熟さから、欲動をパーソナライズしていくことができず、性衝動や破壊衝動をすべて「雷」のようなものとして体験する（Winnicott, 1960）。これらの欲動は母親の心情や状態にかまうことなく、激しく泣き喚き、手足をばたつかせ、乳房を貪欲に求める乳児のふるまいに反映されるが、母親がうまく機能しているならば、その衝動は世話や愛情の文脈へと置き換えられていく（ウィニコットは決して一次的な破壊性の存在を否定していたわけではない。「欲動は潜在的に破壊的であるが、それが実際に破壊的なものとなるか否かは対象の在り様にかかっているのである」〔Winnicott, 1968〕）。

だが、環境としての母親がこうした原始的な衝動性を生き残ることができなかったとき、乳児の「本当の自己」は欲動の衝撃に晒され、乳児は「自分ひとりでは何もできない」という過酷な現実に直面させられる。さらに、こうした環境の機能不全は乳児のニードと母親の世話との齟齬を露にし、あまりに早く（乳児の準備が整う前に）自身の世界とは独立して生きる母親の外在性と外的現実とを乳児に突きつけることになる。そして、このような錯覚的世界の急激な崩壊は乳児に「絶滅の不安」と「本当の自己」が解体する恐れを喚起し、その防衛として精神病的な状態が形成されていく。このとき「偽りの自己」がこれらの原初的な苦悩の回避を目的として組織化され、「本当の自己」を保護的に隔離しながら、「環境としての母親」の代わりに欲動や外界に対応していくことになる。

無論、「偽りの自己」のすべてが病理的なわけではない、乳児の知覚および運動機能の発達と「原初の母性的没頭」の薄まりによって、否が応にも当初の錯覚的世界が打破されるゆえに、この自己供給的な「偽りの自己」の形成はあらゆる乳児に要請される課題となっている。だが、通常、この種の脱錯覚過程は乳児のペースに沿って進められるのに対し、急激な脱錯覚過程においては「偽りの自己」があまりに強固に組織されるため、その個人は「本当の自己」とのアクセスを遮断されてしまう。結果として、患者はあらゆることがリアルに感じられず、「心的に生きている」という感覚を失い、慢性的な空虚感を抱えていくことになる。これがウィニコットのいうスキゾイド状態であり、ここには人間存在において本質的に重要な「ひとりでいる」という体験——不可視の母親に抱えられながら、誰にも脅かされることなく自身のペースで生きている心的部分——と、対象との交流を介して自己を発展させていく「ふたりでいる」という体験を共存させ、弁証法的に対話させていくことの困難が示されている。

そして、このような対象の侵襲性の問題は当然ながら心理療法場面においても展開されていく。基本的にはつながりやコミュニケーションを媒介として患者に寄与しようとする私たち心理療法家にとって、この対象の侵襲性というテーマは相当に悩ましいジレンマをもたらすことになる。

藤山（二〇〇三）はその種のジレンマを「そっとしておきたい、そっとしておく方がよい」という情緒や思考と「介入したい、介入した方がよい」という情緒や思考のアンビヴァレンスと称したが、ここでいう介入とは本章で述べてきたような治療者の主体的行為としての解釈を意味しているように思われる。解釈という治療者自身の主体的な考えの提起は、スキゾイド心性をもつ患者にとっては、あまりにも独立した、あまりにも他者的な、あまりにも「ふたりでいる」体験を押しつけることになるゆえに、先の「ひとりでいる」という「本当の自己」のための体験世界を崩壊させてしまう。そのため、治療者の解釈は侵襲的に体験され、結果として患者は心的にひきこもり、スキゾイド状態をより強化させていくことになる。

藤山や細澤（二〇〇五）は、治療者がこの交流をめぐるアンビヴァレンス自体をもちこたえることの重要性を説いたが、私の理解では、それは患者自身が「交流すること」と「交流しないこと」、「ひとりでいること」と「ふたりでいること」のアンビヴァレンスを十分に体験しえず、どちらかの極に偏向する形で生きることを余儀なくされているゆえである。

このような事情からスキゾイド患者との治療においては、往々にして、重苦しく、緊張に満ちた沈黙が場を覆いがちとなる。そこには交流をめぐるせめぎ合いが生起されているが、無論、単にその沈黙を維持したところで、そのせめぎ合いをもちこたえることにはならない。そのような状況下における患者は治療者の介入に警戒しながら「ひきこもっている（withdrawal）」のみであり、その状況はウィニコットのいう「誰かといながらひとりでいる」ような発達促進的な事態とは食い違っている。私たちはこのような困難を前提としながらも、やはり何らかの形で患者との関わりをつくりだしていく必要がある。すなわち、私たちは解釈を呈示していく必要がある。

では、この「対象の侵襲性」というテーマをもちこたえながら呈示される解釈とはどのような解釈なのだろうか。以下に第二章で紹介した男性患者とのその後の経過を呈示し、この課題について考えてみたい。

その後、患者は友人の自殺時の状況をまとまった形で語るようになった。依頼された仕事の件で彼と待ち合わせをしていた日に友人は自身のアパートで自殺を図り、その亡骸を発見したのが患者であった。私たちはこの外傷的な状況について話し合い、そのなかで彼は友人の苦しみに想いを馳せ、自身を窮地に追いこみながらもひとりで去ってしまった友人に対する怒りと悲しみ、その罪悪感と痛みをゆっくりと味わっていった。

だが、しばらくすると、ふたたび情緒が枯渇したような、色褪せたセッションが続くようになった。沈黙がちで、連想は機械的になされるばかりとなった。彼は人には絶対的にわかり合えない部分があると述べ、その本質的な悲しみを受け入れようとしているようであった。しかし、そうなるほどにセッションはますます無機質なものとなっていった。

このような経過のなかで、面接室の移転による一カ月の休暇に入った。

休暇明けのセッションでは、それなりに家族と平穏に過ごしていたことが穏やかな口調で報告された。しかし、私の方はとても強い緊張を体験していた。一方、彼の連想は「幼少期から何かを提供することでしか存在価値を保障されなかった」という、これまでにも何度か呈示された話へと移っていた。お馴染の連想であったが、このときの私は転移の文脈を明瞭に感じとることができた。私は休暇中の彼が自分で自分を抱えるしかなく、いまも何かを語ることでしか治療者に存在価値を保障されないと感じているように思えることを伝えた。すると彼は居心地の悪さを訴え、治療者に見ていて欲しいが、見て欲しくない気持ちもあると話した。さらに、この面接では自分と治療者の声をいつも「二重音声」のように聞いており、普段は自分の声の方が大きく、治療者の声は自身の声にかき消され、面接終了後にようやく思い出していたが、今日は治療者の声が「いま聞こえている」と語った。私は、まさにいま、彼は私と共にいると感じているが、それは同時に自身の存在を脅かされる不安をも喚起するのだろうと伝えた。

場は緊張に満ちていたが、久方ぶりに生き生きとした交流が醸成されていた。しかし、彼は次セッションをキャンセルし、ふたたび淡々とした様相で姿を現すのだった。

この営みは単に彼が連想し、私が解釈するといった、いかにも形骸化した営みと化していた。私は彼に何らかの理解を呈示した瞬間、それは虚しく空を切り、「ただの言葉」になるように感じていた。

ここにはスキゾイド的な在り様にもとづく間主体的な状況が生成されており、一方が主体的な存在として立ち現れると、他方にとってはそれが侵襲的に作用し、ゆえに双方共に相手と自分の存在をかき消す（あるいは死なせる）必要があるという力動的な文脈が形成されているようだった。無論、私の解釈自体が侵襲的に作用し、たとえばそれが母の愚痴（死に絶えた、虚しい、残骸物としての言葉）を聞き続けた体験の再演になっているという理解を共有することもあったが、それすらも「ただの言葉」にすぎず、そこから新たな体験が生みだされる気配はなかった。

こうした経過のなか、開始からおよそ二年が経過したころのあるセッションで、彼は二種の孤独感について語った。ひとつは思春期以降、誰とも交わらず、独自の世界観（死の世界）を構築することで形成されてきた孤独感であり、もうひとつは現在の彼が家族や社会に対して感じている誰にも理解されないゆえの孤独感であった。その後はいつものように母親の無理解な在り方が淡々と連想され、そのうちに場は重苦しい沈黙に支配されていった。

この状況に呈示すべき価値のありそうな理解は私のなかには何もなかった。彼には決して何も伝わりはしないという私の失望はこのとき頂点に達した。彼とのこの協働作業が何か生産的な方向へ向かえばともがき続けてきたが、随分と長いあいだ、自分が治療者としては何の役にも立ってはおらず、何の価値もないと感じてきたことをこのとき私ははっきりと自覚した。無論、これまでにも私の言葉がほとんど何も行き届いていないことは承知していた。だが、それはあくまで私の「理解」の問題であり、本当は「私という存在」そのものがこの心理療法においては何の役にも立っていなかったということを私は深く実感した。

このような沈滞のなか、ふと私は俯いたまま座している彼に目をやった。そこでようやく私は自分こそがその存在価値を保障されず、さらには「何も伝わらない彼」そのものを生きているということに気づいた。不思議なことに、私は自分が彼にとっての侵襲的な対象であったり、無理解な対象になっていると感じることはあっても、「彼のようになっている」とは考えたことがなかった。私は誰にも理解されず、誰にも理解させることもできない絶対的な孤独を感じた。

そのなかで私は、何かを理解しても、言葉にした瞬間に自分のなかでずれや意味のなさが生じ、それはまるで言葉が虚空に消えゆくような印象である、といった自身の心情をひとりごとのようにつぶやいていた。それは私が発したものでありながら、感覚的には私から発されたものとは思えないような声であった。

彼は「それはわかる感じがしますね」と応えた。そして、「考えても、考えても、何も伝わらない……そんな感じですよね」と彼の方が私に確認した。

翌週の彼は顔面蒼白で、ひどく重々しい様相で現れた。彼は前回のセッションで、世の中には「伝わる」ことや「つながる」ことが本当にあることを知ったと語り、治療者に深く理解され、満足を得たので、もう死んでもよいとさえ思ったことを口にした。ただ、この満足だけは伝えようと思い、彼はこのセッションに訪れたのだった。そして、彼はこの体験を私と彼が「ひとつの体験を生きる」ことだと評した。

私は「あなたは友人とも、ひとつの体験を生きたのでしょうね」と伝えた。彼は同じことを考えていたと述べ、だが、今回味わったような体験を友人には提供できなかったと応えた。そして、「ひとつの体験」を生きながら、自分の方が友人を切り離してしまったように思うと語り、静かに涙した（先述したウィニコットの「ひとつの体験を生きる」というフレーズをこのときの私はまだ知らなかった。ゆえにウィニコットのこの発言は、私にとってはこの患者の言葉の響きと共にある）。

以降、セッション内では少しずつ生き生きとしたやりとりが生まれていった。同時にこれまで以上に沈黙の時間が増え、彼はもの想いに耽ることが多くなった。だが、それはこれまでのような切迫感をともなった沈黙ではなく、ある種のゆとりをともなった沈黙となっていた。この場では何かを話してもよいし、何も話さなくてもよい自由と十分な選択の余地が保障されているようであった。

そのころのセッションで、彼は「ひとつの部屋にいながら、それぞれがマイペースに何かをしている」という、彼にとってもっとも心地よかった大学時代の同級生たちとの交流様式について連想した。私たち自身がまさにその種の関係を成立させ、その関係を彼が言葉にしている（解釈している）ように私には思えた。そして、ここには生産的な退行状態が醸成されていると感じられた。

移行的な解釈

この心理療法における間主体的状況は、一方の主体性が他方の主体性に対する侵襲となり（患者は私の解釈を侵襲的に体験し、私は彼の心的世界に侵襲され続けていた）、ゆえにそれぞれがそれぞれに相手と自分の存在を打ち消し合うという文脈によって成立していた。それは患者の連想と治療者の解釈が、ふたりのあいだに何も生みださないという形で具現化されていた。そして、さらにここには各々が事態に対して何かをしようともがいても、結局は心的な死の感覚に帰結するというストーリーも演出されていた。それはどれだけもがいても最終的には肉体の死と精神の死をそれぞれに体験せざるをえなかった患者と友人の関係をなぞらえていた。そして、おそらくそれは早期母子関係に由来する対象関係でもあった。

こうした膠着のなか、開始から二年が経過したころのあるセッションで、治療者は「ひとりごと」のような言葉を呈示した。そして、このつぶやきはスキゾイド機制によって処理されることなく受け入れられることになった。このひとりごとは厳密には解釈とは言い難く、逆転移の開示である。だが、この言葉は「考えても、考えても、何も伝わらない……そんな感じですよね」と彼の方が確認したように、彼自身の内的感覚を反映したものでもあり、単なる私自身の情緒体験の開示といった文脈を超えていたともいえる。では、何故この介入はそれまでの形骸化した状況へと吸収されることなく、事態の転機となりえたのだろうか。

ここで注目したいことは、このひとりごとの呈示前に私が彼と深く同一化している自分に気づいたプロセスである。考えてみると、この「同一化に気づく」という動きは「私が彼そのものになりながら、同時に私が彼ではないことを知る」という逆説的な性質をそなえており、それはウィニコットのいう移行現象と近似の体験となっている。移行現象とは内と外、空想と現実、私（me）と私でないもの（not-me）が共存する「可能性空間」内での出来事であり、乳児による母親の外在性との遭遇を媒介する役割を担っている。この移行現象によって、乳児は母親の外在性や主体性もしくは外的現実との直接的な遭遇に付随する侵襲性に脅かされることなく、対象との交流を安全に育むことが可能となる。

私はこの「ひとりごと」のような介入がこの種の移行的な性状を帯びた解釈になっていたのではないかと考えている。たとえば、この「ひとりごと」は発信されてはいるが、伝達を目的にはしていないという点で、あるいは私の言葉でありながら、患者の言葉のようでもあるという点で、先の「ひとりでいること」と「ふたりでいること」の中間に位置づいており、その意味でも移行的な性状を帯びていたと思われる。

とはいえ、こうした形態的な特質はあくまで結果論であり、何らかの理解をひとりごととしてつぶやいておけば交流が侵襲にはなりえないという話ではない。重要なことは、やはりこのような形の「響き」（それは治療者が意図的に演出した効果ではない）をもつ解釈が醸成されたプロセスの方にある。

本素材に記載したこの長い不毛の感覚やセラピーの形骸化は、患者のスキゾイド心性がセラピー状況全体（Joseph, 1989）に展開していたことの証左であろう。そして、私は長らくのあいだこの状況に絡めとられていた。その要因のひとつは、私が彼との関係のなかで「心的に生きた体験をつくりだそう」と躍起になっていたからであり、「生きようとすればするほど、あるいはひとりの主体として存在しようとすればするほど、結局は死に絶える」という文脈から目を背けていたことにあった。

だが、ふりかえって考えると、このことはネガティヴな意味合いばかりではなかったと思われる。なぜなら、このように患者の病理的世界を共にすることは、私が彼の主観的対象（Winnicott, 1950-1955）として機能することをも意味していたと考えられるからである。

このことは発達最早期の乳児に対する母親のように、治療者が患者の内的世界の延長物となり、彼らが万能的に創造した対象と化すことをしばらくのあいだ受け入れることを意味している。先のウィニコットの発達論に則すれば、乳児は自身が世界の創造者であるという錯覚を十分に体験し、そのなかで母親の「段階づけられた失敗」を通じて自身の内的世界と外的な世話との齟齬を経験していくことで、ようやく脱錯覚過程を潜り抜けていくことが可能となるのである。

赤ん坊は信頼の失敗がもたらす効果からのみコミュニケーションについて理解していきます。機械的な完全さと人間の愛とはこの点が異なっています。人間というものは失敗を重ねます。そして、普通の世話を行うなかで母親は自分の失敗をしょっちゅう修復しています。そして、確かなことは、最終的にはこのような相対的な失敗がすぐさま修復される経験が蓄積されることで、それがコミュニケーションとなり、赤ん坊は成功したという感覚を得ることになるということです（Winnicott, 1968）。

私の「ひとりごと」としての介入は解釈としては不完全なものであり、ある意味では「失敗」であった。だが、この介入は、あるいはそういってもよいならば、この「解釈」は、長きにわたって患者の人生上の苦難を共にしてきた（主観的対象として生きてきた）末に醸成されたものであり、患者の発達促進的な脱錯覚過程に寄与するものでもあった。それは「すべてが死に向かって消えていく」という彼の内的世界と「私たちがひとりの主体として生きている」という外的現実とを架橋する解釈となっていた。そして、治療者の言葉でありながら患者の言葉でもあるこの移行的な「響き」をもつ解釈を共有したことが、その後の患者自身の他者との絆をめぐるパーソナルな体験についての語りへと結びついていったように思われる。

おわりに

私たちが患者に供給する解釈は単なる知的な語らいではない。それはその患者との固有の間主体的状況を生き抜いた先にようやく生まれる言葉であり、決して既存の理論をもとに生みだすものではない。ゆえに、ここまで記してきた解釈の機能や意味合いについてはあくまで後知恵にすぎず、私たち臨床家はそれぞれの患者とのあいだで、それぞれに独自の――そのときに初めて語られるような――解釈を生成していく必要がある。

ただ、ここで尚も後知恵を呈示するならば、私たちが「その患者との固有の間主体的状況を生き抜く」ということ、それはその患者の本質的な苦難と呼応する「私たち自身のこころ」を抱えようとする営為でもある、という理解である。最初にあげた事例においては、私が「声の響き」という感覚水準の事象に着目し、私自身のこころのなかの自閉－隣接ポジションでの体験を賦活させはじめてから事が動き出していった。ふたつめの臨床素材では「交流をめぐるアンビヴァレンス」というスキゾイド的な苦しみを私も同様に体験し続けてきたことに治療的な意義がはらまれていた。私は彼らの自閉的部分やスキゾイド的心性に取り組みながら、自分自身の自閉的部分やスキゾイド的心性にも取り組んできたといえるだろう。

このことはあらゆる患者との心理療法にも通底することだと思われる。精神病的な患者との心理療法では私たち自身の精神病的なこころに、ボーダーラインタイプの患者の場合には私たち自身のボーダーライン的な心性に、喪失の痛みに苦しむ患者との心理療法では私たち自身の喪失体験に、取り組み、抱え、対話していくことで、変化の契機となる解釈はようやく私たちの手元に届くのだろう。

いずれにせよ、患者個人ではまったく手に負えなかった心的な事態を言葉にし、何とか考えられる形にしようともがく治療者の姿にこそ、患者は何か希望のようなものを感じとることになるのかもしれない。

第五章　恥をめぐる論考

恥の病理的側面について

日々の臨床において、私たちはしばしば患者の恥の感覚に遭遇する。

ただ一口に「恥」といっても、その様態はさまざまである。「恥ずかしい」という情緒には、含羞《はにか》みや照れくささ、きまり悪さや悔恨、恐れ、屈辱、羞恥、自己を貶められる感覚など、その時々の文脈に応じて多様な意味が付与される。このことは「自己」や「セクシュアリティ」、「甘え」や「罪悪感」といった概念がひとつの定義に収納しえず、意味の多義性を帯びているように、恥もまたきわめて多産的な概念であることを物語っている。

従来から恥は赤面症や対人恐怖などの症状と密接に絡まり合う情緒として捉えられてきた。このとき恥は隠蔽していた自身の恥部が見知られる不安と結びついている。ただ、その不安は単に見知られることにあるわけではなく、心身の内容物が「自身の意志に反して」人目に晒されることにある。赤面症においては血液の興奮が皮膚表面に溢れ出し、吃音においてはこころの震えが口腔内筋肉の緊張に現れ、多汗症においては焦りと混乱が皮膚を伝って流れ出す。恥の苦痛は心身の内容物を出し入れ（隠したり、表したり）することの自由を奪われ、自身のこころをマネージしていくことの決定的な困難にあるといえるだろう。

このような恥の生成過程を、北山（一九九六）は「露出と拒否の物語」と呼び、①公と私、表と裏、本音と建前などの「場と自己の二重性」の破綻が恥の前体験をつくりだし、②そのとき露呈したものが、それを見る側によって拒絶され、③露呈したものが覆われずにあると、④恥体験が屈辱感として固定化されていく、というストーリーにまとめた。

さらに、この隠蔽していた心的内容が見知られる際の体験についても、これまでにさまざまな知見が提出されている。

たとえば北山（二〇〇一）はその体験を幻滅の一種とし、岡野（一九九八）は「理想自己」から「恥ずべき自己」への「転落」として論じた。諸外国でも恥についてはさまざまに論じられており、リンド（一九五八）は恥体験においては他者のあらゆる関わりが自身の内密で傷つきやすい側面への侵入として体験されると述べ、ルイス（一九七一）はこの侵入を一次的な自我境界の崩壊として捉えた。また、トムキンス（一九六三）は恥を「魂の病」と称し、恥入る患者は「自分自身を裸で（無防備で）、挫折した、人から遠ざけられるべき、尊厳と価値を失った存在」として感じることを示した。エリクソン（一九五〇）は恥をセルフコントロールの喪失という文脈から理解し、自己効力感の喪失と強い無力感が生起されることを指摘した。シャスゲ＝スミルゲル（一九八五）は性発達論的観点から恥を考察し、男根期的な自己顕示欲がナルシシスティックな確信を得られなかったときに恥が生起されることを示し、その際の不安を肛門が受動的に貫かれる不安として記述した。

これらの見解が示唆することは、恥体験がときに人の存在基盤に関わるような深刻な事態をもたらすということである。本章での臨床的考察はここにあげたような既存の見解を下敷きにしているが、なかでも特に私が重要だと感じる知見がフランスの精神分析家セルジュ・ティスロン（一九九二）による考察である。

彼は恥の基底にアイデンティティの指標となる「目印（主体を成立させる心的な根拠）」の崩壊を見いだし、恥を自我の脱統合の一様式、もしくは主体の一貫性に断絶をもたらす事態としてえがきだした。そのなかで彼は恥を「排除」の文脈から捉え、それこそが恥と罪悪感とを区分する要素であることを明らかにした。その見解によれば、罪悪感を抱く個人は超自我の厳格さに服しているが、まさにそのことによってこの審級、もしくは両親、他者、社会とのつながりを維持しているのに対し、恥に苛む個人は超自我との関係を断たれ、自らを社会に位置づける根拠を失っているという。

確かにフロイトのエディプスコンプレックス論にせよ、クラインの抑うつポジション論にせよ、そこで取り組まれる主たる情緒は罪悪感であり、そのワークこそがこころの統合とその個人の社会生活を確立するというストーリーになっている。罪悪感は人が他者と関わり、社会に息づくための起点となる情緒として捉えられている。

他方、恥のストーリーは排除の文脈に満ちている。ここで我が国の説話に目をやると、同様に主人公がその場から退去する結末であっても、『竹取物語』のかぐや姫が罪の償いによって月に迎え入れられるのに対し、北山（一九九六）が恥の物語として掲げた『イザナギ・イザナミ神話』や『鶴女房』、『蛤《はまぐり》女房』などに登場する女性たちは、それぞれ黄泉国、空、海へと去ることを余儀なくされる。彼女たちは一様にこの世とのつながりを断たれている。

こうした排除の文脈は日常的なエピソードにも散見される。たとえばお菓子を盗み食いした子どもは叱責され、罪悪感を体験する一方で、大便を漏らし、自慰を見つかった子どもは恥を体験するが、前者の場合、その行為は罰せられたとしても、美味いものを食べたかったという欲求自体は是認されるのに対し、後者の快感欲求は社会的に承認される場をもちえず、即座に嫌悪の対象となり、拒絶される。

恥じる個人にとっては、自身の欲求、思考、感情、行為は社会的秩序に組みこみ難い、排除の憂き目に合う何かとして体験されやすくなるのだろう。そして、その経験がパーソナリティ全域に拡大されたとき、彼らはこの世とのつながりを断たれ、深い孤独に沈みゆくことになるのではなかろうか。

恥の発達促進的側面について

その一方で、恥を体験することには発達促進的な意味合いも存在している。ある個人が「自身の狂気を恥じる」というとき、その恥は狂気そのものではない。このとき恥は狂気を生きる彼とは別に、その狂気を眺める彼が存在することの証左となっている。ネイサンソン（一九八七）がいうように、恥は自己を対象化する能力と関わり、自己覚知と結びつく情緒でもあるのだろう。

さらに、こうした恥の発達促進的な性状をもとに、心理療法過程における恥の出現とそのワークスルーを治療の進展のメルクマールとする見解もいくつか報告されている。

藤山（二〇一〇）は恥が秘密を暴露される不安と結びつくのに対し、秘密を保持できるこころ、すなわち「抑うつポジションを達成しているこころが愛情を秘密としてもつ」ときに「含羞み」が経験されることを主張し、患者の恥の生起とそれが含羞みへと移行するプロセスに建設的な意義をもたせている。彼が呈示した臨床素材は、治療の膠着状態が解されはじめたときに患者の恥じらいと含羞みが見いだされたものであり、ここには恥の生起が変化の兆しとして、含羞みの出現が抑うつポジションを生きはじめた証《あかし》としてえがきだされている。

また、スタイナー（二〇一一）は人が心的退避から脱する際に直面する恥の感覚に着目し、その恥への取り組みが抑うつポジションを生きる鍵となることを示している。

心的退避から脱するとき、患者はそれまでのナルシシスティックな対象関係を放棄し、プライマリーオブジェクト（原初的対象――愛や憎しみの直接の目標となる対象。母の乳房）との分離の作業に取りかかる。このとき患者は分離による対象との距離感の生起によって、対象の全体性を認識し、自己を観察されるといった視機能を媒介としたオブザーヴィングオブジェクト（観察する対象）との対象関係を構築していく。

このオブサーヴィングオブジェクトとの関係が自己理解の萌芽となり、信頼と依存にもとづく発達促進的な対象関係につながればよいが、ときにこの種の対象関係の出現はこれまで隠蔽してきた心的内容を治療者から暴き出される不安やその屈辱感、つまりは恥の感覚を患者に喚起する。このとき生じる恥は「きまり悪さ（embarrassment）」、「恥（shame）」、「屈辱（humiliation）」など、その個人にもたらされる苦痛の程度に応じてスペクトラムを敷き、その強度は患者の病理的組織化の度合いやオブサーヴィングオブジェクトがどれだけ迫害的な性質を帯びるかによって規定される。そのなかで恥の感覚をワークしえないとき、患者はふたたび心的退避の場へと退き、抑うつポジションを生きる可能性は損なわれてしまう。ゆえにスタイナーは治療者に観察され、理解されるという体験が患者にとっていかなる体験となっているのかに注目し、その際に生起する恥の感覚の取り扱いを重視している。

他方、北山（一九九六）は冒頭に記した「露出と拒否の物語」において、患者の恥部の露呈をいたずらに外傷化しないような治療者の「常識的な対応」と、恥にまつわる不安や空想の処理方法を考える「防衛分析」の意義を強調し、「こころの覆いをつくる」という姿勢を提唱している。そして、このような対応のなかでやがて自然に「恥の原体験」が形を取り、それを治療者に抱えられたならば、患者のなかの反復的な恥の物語が書き換えられていく可能性を示唆している。

患者のこころの内奥を「見る–見られる」という事態をめぐって、スタイナーはその体験をいかにもちこたえ、生産的な方向に向かわせるかについて考え、藤山と北山は人が「秘密」をもつ側面を尊重し、見知られる体験の安全性を重視しているという点でそれぞれに微妙なスタンスの違いはあれど、この三人の考えに共通するのは、自身のこころを暴かれ、その不安や恥辱の感覚によって「身の置き所」がなくなってしまうような恥体験から、自身の体験をパーソナルに思考する自己内省の契機となるような恥体験への移行こそが、恥の病理のワークスルーになるという理解である。そして、藤山とスタイナーがいうように、この移行は妄想–分裂ポジションから抑うつポジションへの進展と照応し、その進展にともなわれる対象関係の変化に基礎づけられている。

ただ、この妄想‐分裂ポジションから抑うつポジションへの移行については、基本的には罪悪感を軸にして論じられる傾向があり、恥の病理をテーマとする場合、その移行はそれ特有のプロセスがあると推測される。先に私は罪悪感がこころの内奥にある攻撃性や怒り、あるいは何らかの欺瞞を語り（告白し）、それを償うことで他者とのつながりやエディパルな共同体への参入を架橋する情緒となっているのに対し、恥はその内実を表現すること自体が他者や共同体からの排除に結びつく可能性を示唆した。この仮説にもとづくならば、それぞれの心理療法過程にもこの差異は反映されるはずである。特に自由連想という「語りによる表現」に重きをおく精神分析的な心理療法においてこの恥のテーマをどのように考えていくのかはとても興味深いトピックであると思われる。

恥の問題をテーマとする患者との心理療法はどのようなプロセスを辿るのだろうか。そのことを考えるうえで示唆に富む事例を呈示してみたい。

事例「嘘と髪」

患者は抑うつ感を主訴とした若い独身男性である。

高校生活半ばまで順調だった彼の人生は、その後の将来展望が何もみえなくなったころから明瞭に行き詰まりはじめた。志望大学の受験にも失敗し、彼にとっては三流としか思えない大学への進学を余儀なくされた。以降は対人的にひきこもりがちとなり、慢性的な空虚感を抱えたまま、不毛な生活に身を落としていた。

家族は誇大的で社交性の乏しい父と家族や仕事に献身的だった母、社会的に一定の成功を収めていた兄の四人で構成されていた。だが、患者の大学卒業間近にその母が病死した。「あなたはやればできる子だから」という母の臨終の言葉を糧に、彼は自身の人生を再建しようと努めたが、抑うつ感は解消されず、ようやく志望先として見いだしたある専門職の資格試験もパスできずにいた。いつしか失敗を恐れて受験自体を躊躇するようになり、彼自身特に望んでもいないアルバイトに日々の生活を費やすのみとなった。

数年ぶりに臨んだ受験が失敗に終わったころから、これまで以上に強い焦燥感と無力感に襲われ、脱毛も出現した。彼はこうした人生の行き詰まりを脱するために精神科治療を求め、私との週一回五〇分の心理療法に取り組みはじめた。

当初から彼の連想は自己卑下に終始していた。定職に就こうともせず、家庭を築くこともできない自分を「社会的脱落者」と烙印し、「落ちるところまで落ちてしまった」と評した。彼の生活はそうした「惨めな自分」を周囲から隠蔽することに費やされていた。そこには「社会」から蔑まれる恐れと強烈な羞恥心とが付随していた。

セッションの雰囲気は寂寞としていたが、それでも彼はこの心理療法に希望を抱き、私もまた彼のやるせなさや孤独感が痛切にわかる感じがし、その関係は基本的には陽性感情を軸に成立していた（というのも、当時の私もこの患者とさほど変わらない生活を営んでいたからであった。遅まきながら心理士資格を取得したものの、非常勤の仕事を掛け持ちしながら日々の生活の糧を得る毎日であり、私は彼と同じような人生上のテーマを自分も生きているように感じていた。そして、だからこそ私はこの陽性の関係性にたえず注意を払い続ける必要があると考えていた）。

そして、開始より一年を経たころには、彼は再度資格試験に挑むことを決め、何とか受験をこなし、結果は数カ月後に出ることが報告された。

以降の連想はこれまで以上に家族に関する内容が増えていった。彼は父親を、逃避傾向があり、経済面、養育面、心理面において母に依存しきった人物と評し、同様に生きる自分をやはり卑下し続けた。そして、母を将来目指すべき理想的な人物として語り、その母が亡くなった哀しみにふれ、ときに涙した。

だが、次第に以下のような内容も明らかとなっていった。それは母の期待（「あなたはやればできる子だから」）によって自分が雁字搦めになっていること、理想的な母が一方で彼を圧迫する対象にもなっており、そのような母の側面を「社会」に投影していたこと、彼のいう「社会からの蔑み」とは母のなかに密かにあったのかもしれない父や彼自身への「蔑み」と呼応していること、けれども社会的に機能する母を理想化対象として保存し、自分がその子どもであることを強く信じることでしか、彼自身の社会への適応可能性は考えられないでいたこと、などの事柄であった。

彼の連想は内省的で豊かなものであった。彼はこの心理療法において自身の人生の方向性を見いだそうと努め、私もまたこの営みが少しでも彼の人生の支えや再建の鍵をつかむ機会になればと考えていた。

ただ、いつからか私は彼の連想に対して自分が幾分無理に割って入る形で解釈を呈示している感覚をもつようになった。改めて事態を眺めると、患者の連想は「絶望を超えて希望をつかむ」というストーリーを反復するのみで、そこに私の理解はほとんど何の影響も与えていないようだった。現に何の介入をせずとも、セッションはごく自然に整合的なまとまりをもって終えられていった。こうした印象が意識的なものになるにつれ、私は彼の肝心な何かにふれえず、自分がはねのけられているような感覚を覚えるようになっていった。

そして、ここにはさらに悩ましい問題もあった。このころから彼は女性と愛情関係を結び、定職に就き、家族を設けて養っていく人生に対する憧れだけでなく、その不毛さにも言及するようになったが、いずれも彼が一度も経験したことのない事柄であった。彼がその人生の範疇外にある出来事をすでに憂いていることに私は疑問を抱き、このことを取り上げた。すると彼は暗い表情で「そうですよね。自分はまだ何も知らない未熟者なのに」と応え、両親の婚姻生活がひたすらに不毛なものとして感じられていたことをその理由としてあげた。こうした理解は彼の内的両親像が死に絶え、そこから生みだされた彼自身も死に絶え、私たちの営みも実質的には死に絶えているのかもしれないという理解と結びついていったが、特に事態の進展に寄与することはなかった。それよりも私は実体験を積もうとしていない彼を自分が単に糾弾しているだけのような強い気まずさを覚えていた。私は実際に事を為していこうとしない彼に自分が何故それほどに苛立ち、同時に強い気まずさを感じているのかがわからなかった。

このような排斥感と気まずさを感じたまま時間は経過していった。おそらく私の解釈が乏しくなっていったからだろう、次第に場は張りつくような緊張に満ちた沈黙が支配するようになった。そして、彼は自身の弱さがすべて露呈してしまう不安や当初の主訴である脱毛への不安、あるいはこれまで「自分がない」ままに生きてきたことを以前にも増して強く訴えるようになった。面接室には何かつかみ難い、しかしながらひどく差し迫った雰囲気が立ちこめていた。

開始から一年半が経過したころのセッションで、彼は試験が不合格に終わったことを告げ、その後は自身の人生の不毛さについていつものように語っていった。

不思議なことに、何故か彼は試験結果にそれほど気落ちしているようには見えなかった。思えば、試験結果にまつわる不安はこれまでほとんど手つかずのままにされていた。私はようやく事の奇妙さに気づき、そのことを彼に伝えた。それは何気ない普通の指摘のはずだった。

だが、彼は途端にこれまでにないほどの強い緊迫感を滲ませて沈黙した。そして、「誰にも言えませんでした」と述べ、本当は試験を受けなかったことを告白した。

私は絶句した。即座に浮かんだのは裏切られたという想いだった。資格試験の受験はこの心理療法が彼の人生に及ぼした唯一の形ある成果のはずだった。というより、私はそのように自分を信じこませていた。人生上の同じテーマを共に歩んでいるような感覚が一気に崩れ去ったように感じられた。

だが、次第にもうひとつの異なる感情がゆっくりと私のなかで頭をもたげてきた。それはこの局面まで私が彼のことを本当は何もわかっておらず、何も知ろうとせず、彼のもっとも肝要な部分が常に私の範疇外に置かれていたことによる痛烈な恥の感覚であった。

それはつかもうと思えばつかめる場所にあった。彼は当初から「惨めな弱い自分を隠蔽してきた」ことを語り、

「試験のことを不自然なまでに話さない」という形でその葛藤を間接的に伝えてきていた。その不自然さに私が突き当たっていれば、先の「人生上の出来事にふれようとしない彼」に対して感じていた私の苛立ちや気まずさが、彼の人生上の重要事項にかくいう私こそがふれようとしていないことを反映した感覚であることを理解しえた可能性は十分にあった。そのことがいっそう私の恥の感覚を強めた。

彼は失敗への恐れから試験会場に入れなかったこと、肝心なことから逃げ、ここでも嘘をついてきたこと、私に拒絶される恐れをずっと抱えてきたことを痛々しいほどに怯えた様子で吐露していった。私はこのセラピーや彼自身の生産的な側面をないがしろにせんとする、彼の破壊的な側面や退避的な在り方を痛感せずにはおれなかった。

彼の病理が露《あらわ》にされていた。ただ、そのように怯える彼を見ていると、ふと私のなかに「それほど迫害的にならずともよいのに」という想いが自然に湧いてきた。嘘がばれたことを恐れる子どもに対し、それをたしなめつつも目の奥に――その事情を察したゆえの――微笑みを滲ませている大人の図が浮かんだりもした。すると私は自身に対しても「やはりわかりえないこともあるだろう」と自己弁護するような気持ちになった。そのなかで、次第に私の恥の感覚は彼の苦しみを受けとることのできなかった罪悪感と、いつかすべてが露呈するかもしれないと恐れながらもここまで私との営みを続けていた彼の痛みに対する共苦的な想いへと変わっていった。

重苦しい沈黙の後、彼は「怖くて仕方ないです。こんな子どもが社会に出られるわけがない。周囲は期待しているのに……でも、自分は逃げてしまった」と目に涙を浮かべた。私は「ただ、あなたが受け入れて欲しいのは、試験から逃げてしまったそういうあなたなのかもしれませんね」と伝えた。この言葉が彼の病理を棚上げすることになったとしても、このように伝えることでしか、彼のこころも、その人生も、私たちの営みも、何もはじまらないような気が私にはしていた。

彼は堰を切ったように激しくむせび泣いた。終了まで彼の嗚咽はやまなかった。

*

翌週の彼はニット帽を被って来談した。帽子を取ると、彼は坊主になっていた。唖然とする私を見て、彼は「思い切って丸めたんです」と照れくさそうに頭を撫でた。

流暢な連想はもうなかった。母に恩返しできる見込みもなく、生きる価値もなく、といって死ぬ勇気もなく、とりあえず無力なままに生きるしかないという内容を絞り出すように口にしていった。希望もないのに希望を謳《うた》ってきた自分が馬鹿みたいだとも語った。馴染みの床屋の店長も彼の試験結果を心待ちにしていたが、会わせる顔がないので自ら坊主にしたと述べ、「いつまで人から逃げるのでしょうね」と自嘲気味に笑った。ただ、髪を剃ってせいせいした気持ちになり、とにかく生きるしかないと覚悟を決めたと話した。

私を排除する雰囲気もそこにはなかった。彼は自然に話し、それを途切れさせ、くつろいだ沈黙に耽っていた。

この剃髪にはさまざまな意味がありそうだった。欺いてきた家族や私に対する贖罪の文脈、毛髪に象徴される彼の「こころの覆い」（北山、一九九六）を私（＝床屋）によって剝ぎ取られる（刈り取られる）不安に対する行動化という文脈（剝ぎ取られる前に自ら剝ぎ取る）、あるいは「鋏を入れる」という行為には治療者に内面を暴かれる（あるいは肝心なところを理解されてこなかった）ことに対する彼の怒りの表現もはらまれているような気がした。

だが、これまでとは明らかに異なる彼を見ているうちに、私のなかに次のような理解が生まれ、それを伝えた。すなわち、毛髪は彼の弱さを隠す覆いを象徴しており、彼はその覆いを私や世間から剝ぎ取られる恐れにたえず慄いてきたのだろう。だが、いまや彼はその覆いを取り外し、そこに新たな髪が生えてくる可能性を、つまりは新たな人生の可能性を紡ぎだそうとしはじめたように思える、と。

彼は「いろいろな生き方があるのでしょうね」と応え、坊主にする際、見えない後頭部は父に剃ってもらったと語った。

続く数週間のなかで、さまざまな苦しみを隠そうとすることが、母の生き方をなぞらえていたことに彼は思い至った。そして、小学生時に遭遇した「いつも笑顔で気丈にふるまっていた母が夜中にひとりで泣いていた情景」を想起し、母のように生きえない「恥晒し」であった自分が、母の生きえなかった側面を——人生に行き詰まり、誰かに救い出してもらうことを切望していた母の「隠された人生」を——生きていた可能性について想いめぐらせはじめた。

＊

その後、数カ月の経過のなかで彼の抑うつ感は少しずつ快方に向かっていった。漫然と時間を過ごすのみだったアルバイトにも意欲的に取り組みはじめ、実際に就職活動にも漕ぎ出していた。だが、彼は尽《ことごと》く面接試験で落とされ、ふたたび自己卑下的な連想が場を占めるようになった。このころから彼はこの心理療法の心地よさに留まり続け、自身の人生を自らの手で切り開こうとしていないことに対する罪悪感に苛むようになった。そして、自分がどのように生きたいのか、本当のところは何を考え、何を感じているのかがわからないことを苦しげに語った。

そのころのあるセッションで、彼は大学時に味わった「もっとも屈辱的な体験」について話した。当時、彼はある研究グループに所属していたが、あるときに外部にも開かれた大きな研究会合が企画された。そこで彼はある研究成果の発表原稿の作成を依頼された。だが、彼は原稿がまったく書けず、かといって仲間にも頼れず、追いこまれた末に当日無断欠席してしまった。その後、友人の電話の説得により渋々会に赴き、意を決して衆前で謝罪した。しかし、周囲は「何を大袈裟な」と笑ってたしなめ、そのまま彼をあたたかく受け入れたのだった。

「まだ、罵倒された方がましでした」と彼は苦痛に顔を歪め、「自分が絶対的にその場にいてはならないように感じた」と述べた。私はその一見保護的な雰囲気によって、償いの念が場違いなものにされたことへの彼の苦しみと憤りにふれ、以前の「告白セッション」における私の介入が、彼にとってはある種の憐れみのように感じられたのかもしれないと伝えた。彼は「償うことすらさせてもらえない、まるで子どもの自分を剝き出しにされたような感じでした」と話し、さらに（以降、私たちが「千円札事件」と呼ぶことになる）小学生時のあるエピソードを呈示した。それはある品物を得るために彼が母の財布から金銭を盗んだときのことだった。その日の夕食時、母が家族の前で千円札の紛失について話したとき、彼は動揺を隠せなかった。いよいよ母と目が合い、叱責を覚悟したが、母は一瞥したのみでこの話を早々に切り上げてしまったのだった。

語り終えた彼は苦悶に満ちた表情で押し黙った。

私は「あなたは、あなたの罪とそれを償おうとする気持ちを、ずっと誰かに汲み取ってもらいたかったのですね」と伝えた。彼は肯定し、静かに涙した。

その後、この「罪悪感を汲み取られない苦しみ」は「彼の苦境を見て見ぬふりをする両親への憤り」という文脈へと移行していった。さらには罪悪感に限らず、彼のさまざまな負の情緒が取りこぼされてきたこと、それは両親が彼のそのような側面にどう対応してよいかわからず、それを恐れていたからかもしれないといった理解が語られていった。そして、この怒りは、たとえば「結局のところは社会人として順調な人生を歩んでいるようにみえる治療者にはこの苦しみはわからない」といった形で私にも向けられたが、その翌週には彼は前回の怒りは理不尽なものだったと述べてふさぎこんだ。このように彼は自身の負の感情の「わかってもらえなさ」と「それは不適切なもの」という感覚を何度も往来した。そして、私もまたときに自身の理解の至らなさに罪悪感を抱き、ときに彼の怒りの理不尽さに憤り、ときに彼の怒りのまっとうさに感じ入りながら、共に揺れ続けていた。

やがて彼の在り方は変化していった。「こんなことを言うと、先生は苛立つかもしれないけれど、でも、私はこう思うんです」、「いつもの自虐になっているのかもしれませんが、でも、こんな風に思うんですよね……」というように、単に相手の心境を受身的、迫害的に体験するのではなく、彼自身が能動的、主体的に把握しようとする姿が現れてきた。彼はこれらの発言を少し気恥ずかしそうに、あるいは照れくさそうに発しており、そこには自身のさまざまな情緒をある種のゆとりのなかで味わいながら、自らそれを見つめなおす彼がいるように私には感じられた。

開始から三年が経過するころ、これまでほとんど話されることのなかった兄との関係について連想された。その内容は社会的に機能する兄との比較による劣等感という文脈ではなく、母と兄とのつながりから自分がいかに締め出されてきたのか、というものであった。彼の被排斥感の源ともいえる対象関係にふれはじめたことで、私たちは社会（＝母）と治療者（＝兄）とのつながりに対する彼の憤りや被排斥感をより明瞭な形で取り扱うことが可能となった。そのなかで、彼自身、これまでずっとわかってもらいたかった自身の思考や感情は、すべからく間違っており、とてもくだらない、些末なものにすぎないように感じてきたことが明らかにされた。さらに、そのころのあるセッションで彼は「千円札事件」に言及し、その夕食時の冷ややかな兄の視線が忘れられないと述べた。あのとき兄は盗人が誰かを確実に知っていたはずなのに、淡々と食事を続けており、その沈黙がとてつもなく脅威だったと話した。

私がこの連想を私たちの沈黙時の体験と結びつけると、彼は「ここでは自分が話したいことを話しているのではなく、先生がすでに気づいていることを話していたようにも感じます」と応え、結局のところそれは自分というものがなく、自分を信じられず、本当の自分を見てもらうこともなかったからのように思うと述べた。そして、「ずっと自分は先生に対して誠実ではなかった。でも、それでも先生はずっと付き合ってきてくれました」と語り、しみじみとした沈黙に浸った。

その後、彼は就職活動を再開させた。「結局は母の引力圏から抜け出せてはいないということかもしれませんが」と言いつつも、自分をもっとも活かせそうな仕事として、生前の母の仕事と類似した仕事を選択し、正職員として採用された。そして、「毎日、学ぶことばかりですね」と言い、ようやく自身の人生を生きはじめた感じがすると話した。

恥と罪悪感の狭間で

患者が最初に呈示したのは「社会的脱落者」として「落ちるところまで落ちてしまった自分」についてであった。当初の私たちはこの事態を「理想自己」（母のような人物になりたい自分）から「恥ずべき自己」（そうなれない自分）への転落として理解し、対象の過度な理想化にまつわる問題として捉えてきた。理想的な母が本当はどのような（複雑さを帯びた）対象であり、そこで彼が何を感じ、考えてきたのかを検討することで、彼の「恥ずべき自己」についての探索を進めてきた。

そして、この理想化対象をめぐる問題は転移関係においても展開されていた。「自身の再建の鍵は母のように生きることや資格試験のパスにある」という直線的な彼の信念は、「この心理療法こそが彼の人生の指針となり、彼に唯一希望をもたらす場である」という彼と私の双方を巻きこむ間主体的構築物へと変形され、患者はこのかりそめの希望のもとで心的にひきこもり続けていた――この「理想自己」と「恥ずべき自己」の葛藤への取り組み自体が心的退避（Steiner, 1993）の場となっていた。自らの弱さと不甲斐なさを語る彼はいかにも内省的に見えたが、それは抑うつポジションに根ざした語りではなく、迫害感の裏返し（責められる前に自分を責める）としての語りであった。一方で彼はその迫害感に留まることもなく、その恐れをかき消すようなあてのない希望の物語を延々と語り続けていた。次第に私が体験するようになっていた閉塞感は、このような彼のひきこもり状況に対応した逆転移性の反応として理解できそうである。

また、先に紹介したスタイナーの見解に沿うならば、当初の私たちはプライマリーオブジェクトにもとづく関係を成立させていたと同時に、患者の心的退避を共謀的に維持していたとも考えられる。すると、私が感じていた被排斥感は、私たちのあいだにオブサーヴィングオブジェクトの機能が――治療者の側では患者のナルシシスティックな閉塞（＝最終的には「希望」へと行き着く物語）を認識することで、患者の側では自身の病理が見知られる恥の不安を介して――立ち現れてきた過程として読み解くこともできるだろう（スタイナーはこのオブサーヴィングオブジェクトが機能しはじめた際の治療者の被排斥感を「排除された観察者（excluded observer）」という概念で示している。このとき治療者は審判的で批判的な超自我的役割をとったり、逆に患者とのつながりの感覚を取り戻すためにプライマリーオブジェクトの位置に戻ったりしがちとなる。いずれの動きも治療の進展を阻むことになる）。

さらに全体を通してふりかえると、この治療者の被排斥感は患者の生育史体験の転移的再現として捉えることもできる。というのも、私の被排斥感は彼の秘匿と関係していたが、それは単に受験を放棄した「恥ずべき自己」の隠蔽という意味合いだけでなく、そこには母と同一化する彼、すなわち「物事に献身的に取り組みながらも、夜中にひとりで苦しむ母」に「セッションに懸命に取り組みつつも、受験を放棄し、ひとりで苦しみに苛まれる」という形で同一化し、母とのつながりを維持することで、「母－兄カップルからの排除」という中核的な苦痛から身を逸らそうとする彼がいたとも考えられるからである（このとき私は対人的なつながりから排除される彼の自己部分を生きていたといえる）。

だが、いずれにせよ、当初はこのような「排除」の文脈はごく背景的な位置に留められ、十分に扱われないままにあった。この状況が動きはじめたのは受験の放棄が告白されたセッションであった。このセッションにおいて、私は彼に対する批判的な想いだけでなく、自身が彼のこころをあっさりと見過ごし、重要事項の埒外に置かれていたという事実に直面させられたことによる恥の感覚を味わった。ここで私が（罪悪感ではなく）恥を体験したのは、このような私の見過ごしを彼がずっと密やかに知りながら（見透かしながら）私との関係を続けていたという考えに依拠していた（この「何かを見透かしながら黙っている」という在り方は、後の「千円札事件」における対象関係とも重なっている)。ここでは患者と治療者の双方が恥体験をそれぞれに共苦的(compassionate)(Ogden, 2001)に体験しているが、このとき興味深いことは、このふたりの恥体験が言葉にされるにつれ、セラピーの主要テーマが罪悪感をめぐるテーマへと移行している点である。この告白セッションを機に、私は自分が治療者として何の機能も果たしていなかったことを知らずにいたことに対する恥辱の感覚から、その至らなさに対する罪悪感へと、そして、患者の方はその退避的で欺瞞的なこころを見知られることによる恥の感覚から、剃髪による贖罪の文脈へとそれぞれに動きだしている。

この「恥から罪悪感への移行」が病理的な恥のワークスルーを考える際のひとつの鍵になると私は考えている。この告白セッションの後に患者は「大学在学時の研究会」での体験と例の「千円札事件」を呈示しているが、これらのエピソードに共通するのは、彼の負の側面が見透かされつつも、彼の思うような形では取り上げられなかったという点である。この状況を端的に表すならば、それは「場違い」の感覚ということになるだろう。北山(一九九六)もこの「場違い」の感覚を恥の構成要素に数えているが、この感覚こそが恥の苦痛を決定づけ、排除の文脈と連結し、恥の基底に巣食う無力感や脱統合感の要因になっているように思われる。

この「場違い」の感覚は、いわゆる「わかってもらえなかった」という欲求不満状態とは一線を画している。なぜなら、後者の場合、その主体の体験は「理解されるべきもの」であり、「本来的には理解してくれるはずの対象に理解されなかった」というように、その主体側の思考や感情の正当性とそれを受けとる対象への期待が暗に前提とされているからである。

だが、「場違い」の感覚においては、その主体の正当性そのものが瓦解する。この患者が「自分はその場にいてはならない」と感じたように、そこには存在することそのものに対する否定が生じ、その個人の思考や感情は「場」に対してまったくの不条理な異物と化す。それはティスロンのいう「目印」や北山(一九九三)のいう「居場所」の崩壊として記述しうる事態である。北山はこの「居場所」の感覚をウィニコットのいう「在ること・いること

(being)」と結びつけ、「自分が自分でいるための環境」と定義づけたが、恥に付随するこの「場違い」の感覚は、ときにこうしたパーソナルな自己を成立させるための空間を破綻させる。結果として、その個人は「自分がどのように生きたいのか、本当のところは何を考え、何を感じているのかがわからない」事態へと落ちこむことになるのだろう。

このように考えたとき、恥はときに罪悪感以上に根源的で、より存在論的な苦痛を喚起する情緒体験になることがうかがわれる。そして、同様の考えを提起しているのが(土居も『甘えの構造』の恥にまつわる項で引用している)神学者ディートリヒ・ボンヘッファー牧師である。彼は恥について以下のような言葉を残している。

恥は人間がその根源から離れてしまったことを如何ともし難く思い起こすことであり、それはこの隔絶に対する悲しみであり、根源に回帰したいという無力な願望でもある。人は自身の根源的な本質とその全体性に関わる重要な何かを失ってしまったために自らを恥じる。そして、自分があまりにも露であることを恥じる……恥と自責(悔恨)はしばしば混同される。人は過ちを犯したときには自らを責めるが、何かを欠いているときには恥を覚える。恥は自責よりもさらに根源的なものである。

罪悪感をめぐる苦しみにおいては、その個人は自らの罪を償うことができ、そのなかで他者や社会といった共同体に自らを位置づける機会が創出されていく。対して恥の苦痛においては排除の文脈が中核に座し、パーソナルな自己意識がその根底から崩される危機に見舞われる。このことは罪悪感が言葉にされ、形にされることを(対象側からも、その個人の内的な源泉からも)積極的に求められているのに対し、恥は言葉にされ、形にされること自体が排除の不安を喚起する情緒となっていることに由来しているようである。

このように恥には言語化し、形にし、表に出していくことの原理的な困難がはらまれている。裏を返せば、恥の本質的な苦しみが言葉になり、そのワークスルーが進むと、それは自然に罪悪感をめぐる語りへと移行していく（そして、他者とのつながりの契機をつくりだしていく）ことになるのではなかろうか。

そして、私の理解では、この恥から罪悪感への移行を媒介するのが、恥に潜在する患者のニードを汲みとる治療者の保護的なまなざしである。

恥に潜むニードを汲むこと

恥によって構成される心的世界のなかで、「居場所」を失い、「場違いの感覚」に晒されている主体は、自身の思考や感情を拒絶されるだけでなく、何かを感じ、考える主体としての在り方そのものを否定され、排斥されていく。この患者の当初の連想が「劣等感」という他者や社会との比較（つながり）にもとづく恥の文脈に終始し、こうした「排除」のテーマが背景的な位置に留められてきたのは、この文脈がその性質上きわめて語り難い事柄であることに起因している。いわば排除をめぐる物語そのものが排除されており、これこそが恥の苦痛を基礎づけている。

そして、自身の思考、感情、感覚の多くが「場違い」なものとして感じられていたこの患者にとって、唯一自分を示す手段が自己卑下の物語だったのだろう。「劣等であるからこそ自分は排除されたのだ」という自責の物語を構築し、理想像を目指す自分をこしらえることで、患者はひとまとまりの自己像を成立させ、いつか社会とつながっていける希望を維持していた。このとき彼の「理想自己」と「恥ずべき自己」の葛藤は、そのさらに下層に横たわる「排除をめぐる不安」と「実存に関わる不安」を覆い隠すための代用的な葛藤として機能していたと考えられる。

だが、そこにあるのは劣等感の受苦を代償に得たかりそめの統合感である。そして、そこでの自責の念は真に抑うつポジションに根ざしたものではなく、かりそめの自責であった。そして、本素材が示したように、恥体験のワークスルーが抑うつポジションへの移行と結びつくには、自身の攻撃性や、加虐性や、欺瞞的な心性を理解する前に、まずは恥体験に潜む患者のニードが汲みとられる必要がある。

土居（一九七一）がいうように、「恥の感覚は自分自身の存在そのものが不完全で不足していると感じ」、恥の病理に苦しむ患者は「周囲にあたたかく包まれたいと願いながら、その甘えが満たされない状態で、衆人環視の場に身をさらす思い」に苦悩している。病理的な恥はまず「あたたかく包まれ」なければならず、その「包み」の中身は「甘え」である。この「包まれる」という感覚は、甘えや愛情が生き生きと息づくことのできる空間がその個人のなかに醸成されることを意味しており、それは藤山がいうように「こころが愛情を秘密としてもつ」体験でもあるのだろう。そして、この患者がいつからか「照れくさそう」にさまざまな自己理解を語りはじめたように、その体験は含羞みや、照れくささといった反応で表現されることになる。

さらにティスロンは恥に付随する転落空想に着目し、その空想には「いつか自分が『底』に達し、それが『足場』となって再上昇する」という患者の希望の感覚が内在していることを主張している。

このように自分が「落ちる」にまかせることによって……（患者は）一か八かの勝負を試みる。彼は自分の内なる母親が彼が死ぬのを放置したりはしないことを実証することによって、その母親の救済者としての性質を確認しようとするのである（括弧内は筆者が補足）。

患者が他者や社会との関係にもがき続けるのは、そのどうしようもない自身の弱さや病理や絶望を——それが見知られることをひどく恐れつつも——他者や社会に抱えてもらいたい、そうしたニードをいつか見いだしてもらいたいという無意識の希望をその内に宿しているからである。ゆえに、この恥の転落空想の「底」に治療者の保護的なまなざしが敷かれるとき、患者はそこに自身の「居場所」を見いだすことになる。私たちは「絶望を**超えて**、希望をつかむ」のではなく、「絶望の**なかに**、希望を見いだす」必要がある。そして、ウィニコットが母親による乳児のニードへの適応が乳児自身のパーソナルな心的空間の形成に寄与することを示唆したように、治療者によるこのまなざしこそが、彼らの転落感を抱え、そのこころを安全に見知られる経験をもたらし、彼らの自己覚知を促進する契機となるのだろう。そして、このとき醸成される「居場所」の感覚とは、他者との関係性における「居場所」であり、社会での「居場所」であり、さまざまな思考や感情を置いておくことができる患者自身のこころのなかの「居場所」でもあるのだろう。

もちろん、この告白セッションのみで彼の恥の病理がワークスルーされたわけではない。翌週に坊主となった彼は依然として自虐的な在り方を維持している可能性もあり、後に明らかにされたように、ここでの私の介入は「研究会体験」や「千円札事件」のような恥辱体験をなぞらえていた。

だが、彼が自身の恥の本質的な苦難を私とのあいだで具体的に展開させ、語り合い、分かち合うことをスタートさせたのは、間違いなくこのセッションであったように私には思える。語りえない物語が語られることで、「場違い」なものとして排除せざるをえなかった彼のこころは「わかってもらえなかった」ものへと再編成された。そのなかで彼は罪悪感や怒りを放置されてきた苦しみとさまざまな想いが無効化されてきた悲しみにふれ、より内省的な形で自身を捉えることが可能となった。そして、「自分がなかった」という歴史的展望をもった欠如の感覚（藤山、二〇一一）を見つめる視座を獲得し、彼はそのパーソナルなこころを生きはじめたように思われる。

おわりに

本章では恥の病理を「排除」の文脈から捉え、その力動的コンステレーションについて考察してきた。その理解をまとめると、①恥が病理的に作用するとき、そこには排除の文脈が兆し、自身の思考、感情、感覚は「場違い」なものとなり、その個人は「居場所」の感覚や「こころの置き所」を喪失する。②だが、その恥の基底に潜む患者の「甘え」や「ニード」を治療者がつかんでいくことで、患者のなかに「居場所」の感覚が醸成され、自身のさまざまな情緒や思考を主体的に体験しうる心的空間がつくりだされていく。③そして、言葉にし難かった恥の感覚が言葉にされるにつれ、④やがて、罪悪感をめぐるテーマが展開されるようになり、抑うつポジションへのワークスルーが進展していくことになる、という理解になる。

このような理解をもとにしたとき、私の脳裏にはイザナミや鶴女房、蛤《はまぐり》女房のことが思い浮かんでくる。彼女たちが夫に「見るなの禁」を課したとき――「見てはならない」という、わざわざ「見ること」に注意を向けさせるような禁止を相手に課したとき――そこにはどのような想いが兆していたのだろうか。そこには自分たちの本来的な、あるいは変わり果てた姿を拒絶される恐れと共に、もしかするとそのような自分でも受け入れてほしい、わかってほしいという切なる願いが懐かれていたのではなかろうか。

そして、かりそめの姿による夫との日々の生活は彼女たちに何をもたらしていたのだろうか。そこには正体を見知られる恐れと、それでも愛されたいという想いと、その成就に向けられた愛の積み立てがあったのではなかろうか。だが、排除の文脈は遂行され、説話は悲劇に終わってしまう。

しかし、心理療法、とりわけ精神分析的な心理療法はこの悲劇を書き換える可能性を有している。その最たる理由はこの営みの可逆性にある。ここでは恥じる者と恥をかかせる者、見る者と見られる者、隠す者と暴く者の役割は説話のように固定化されず、たえず流転する。私たちはときに理想化され、ときに迫害者となり、ときに排除され、ときに羞恥を経験しながら、彼らの恥の物語を共苦的に生きることを余儀なくされる。それは転移がそなえる可逆性を反映している。

だが、恥の問題を心理療法のなかで取り組むことの意義はまさにここにある。この営みがもつこのような性状こそが、一方的にただ恥入るしかなかった患者のこころに可逆性をもたらし、語り難い恥の感覚を語りうる恥の物語や罪悪感の物語へと変形し、恥を自己覚知の契機として使用していく方向へと彼らを誘う原動力になっているのだと私は考えている。

第六章　心理療法における美的体験の意義

メルツァーの美的体験

これまで精神分析の世界では、その営みに本質的な変化が訪れる局面をさまざまな言葉で表明してきた。その一例として、「選択された事実の生起」(Bion, 1962)、「エッセンシャル・モーメント」(Baranger & Baranger, 1966)、「生きているという感覚」(Ogden, 1997)、「ターニングポイント」(村岡、二〇〇〇)、「劇的瞬間」(藤山、二〇一〇)などのフレーズをあげることができるだろう。

心理療法においても、何か本質的な変化が生じたとき、そこにはある種の感動や驚き、悦びや満足が去来する。だが一方で、それは単に歓喜に満ちた現象ではないことも確かなことである。その事態には畏怖や神秘、驚嘆、戦慄、苦悶といった私たちを強く慄かせる情動もふくみこまれている。ビオン(一九七〇)の破局的変化という概念が示すように、その瞬間はときに破壊的で、ときに脱構築的な解体を患者と治療者の双方にもたらすこともある。

本章ではこのような変化の局面を考えるうえで、精神分析家であるメルツァーが提唱した「美的体験」に着目してみようと思う。というのも、彼が美的体験をまさに上述したような包括的で輻輳的な情動体験としてえがきだしたからである。

フロイトの性欲動と同じく、メルツァーは美を人のこころを基礎づける根源的な要素のひとつとして捉えていた。彼にとって美は人のこころを創造し、発展させ、ひいては人が人を愛し、憎み、知ろうとすることの根幹となる要素であった。

この美的体験という観点は心理療法、とりわけ分析的な臨床プロセスにおける治療機序を考えるうえで相当に大きな意義をはらんでいるように私には思える。

だが、ここにはいくつかの原理的な問いが投げかけられることになる。美的体験とはいかなる事態なのだろうか。メルツァーはそれをどのように捉えたのだろうか。さまざまな治療機序論が提起されるなかで、一体何故「美」なのだろうか。

これらの問いを考えるためにも、まずはメルツァーが美的な次元へとその思考を練り上げていった経緯を追っていく必要があるだろう。

美的次元への推移

メルツァーの美の理論は、フロイト、クライン、ビオンらの思索の先に生みだされたものであった（Meltzer, 1984, 1986, 1988）。この変遷については、すでに福本（一九九五）や飛谷（二〇〇四、二〇一一）、平井（二〇一四）らによる優れた総説および論考が存在している。彼らの理解を補助線にしながら、ここでは特にクラインとビオンの思索のいかなる要素がメルツァーを美的次元へと至らせたのかについて考えてみたい。

メルツァーによれば、フロイトの力動論的、発生論的、経済論的、構造論的観点は神経生理学および流体静力学的なこころのモデル化であった。それゆえにフロイトは超自我論によって「内在化」という考えに手をかけていたにもかかわらず、内的世界（internal world）の概念を十分に発展させることができなかった。

一方、クラインは人がその発達早期から母親の身体内部をめぐってさまざまな欲望、空想、葛藤を抱き、その内部に収納された乳房やペニスといった部分対象とのあいだで活発に交流していることを示した。この内的対象の想定は内的世界というこころの空間モデルを提起し、内的世界と外的世界、内的対象の内部や外的対象の内部といった視点によるこころの探索法をつくりあげた。

メルツァー（一九八四）はこのような内的対象の蠢《うごめ》きがひとつの世界を構成している様をこころの「地理的次元」と称し、その提起によって「パーソナリティの神学的側面と呼びうるものが明らかになった」と考えた。彼の理解では、「人は誰しも、その人の内的対象が神の役割を果たす『宗教』をもたなければならない」のであり、「それらの神が実際にこころのなかで果たす機能」への「信頼」こそが、こころを基礎づけ、それを拡張させていくことになる。

彼のこの「神」という概念は「自分自身の力のみで何かを行い、何かを成し遂げている」というようなナルシシスティックな思考との対比のなかで使用されており、その言葉遣いには、内的対象というものが本来的には手の届き難い存在であることが含意されているようである。こころは私たちの意図を超えた内的対象との相互作用によって成立し、私たちはその主人になることも、その対象を所有することもできず、ただそれを感知する（apprehend）（Bion, 1965）するしかない。しかし、それゆえに私たちは対象とナルシシスティックに同一化することなく（対象と自分を混同したり、その対象のようなふりをしたり、その対象そのものになってしまうことなく）、「対象と共に考える」（Williams, 1988）可能性へと開かれていく――「追い求められるべきは神（〈母〉）の修復であり（形なく、無限で、言語を絶した、非実在の）神の進展でもある活動である」（Bion, 1970）。このような彼の内的対象に関する理解は、おそらくは後の美の理論への布石となっている。

そして、クラインから続くビオンは、こうした内的対象との関係によって喚起される情動体験をこころの中軸に据え、さらに精神病水準の患者との臨床経験をもとに、思考（thoughts）と思考作用の差異を明確にし、考えること（thinking）や知ること（knowing）がきわめて情動的な経験であることを主張した。

ビオンはこころを思考の総体として捉えていた。ただ、ここでいう思考とは単なる情報としての知ではなく、対象とのつながりのなかで愛し（L）、憎み（H）、知ろうとする（K）、きわめて情動的な経験にもとづく知を意味している。そのなかでビオンは何かが考えられることで思考が生みだされるのではなく、考えられることに先立って思考の前駆体——原始思考、前概念、考える人のいない考え、未飽和な要素——が存在し、それが現実的な実感とつながうことで考えられる考えへと、つまりは「概念」へと変形されることを示した。そして、このプロセスを彼は発達早期の乳児と母親の関係をモデルにして論じた。

乳児にとって飢えや眠気や排泄物による生理的、感覚的な不快は、ときに単なる不快の域を超えて自己の存在基盤を脅かすような苦痛として体験される。なぜなら、乳児はこれらの苦痛を「空腹による不快」といった形で名づける（考える）ことができず、わけのわからない脅威として体験せざるをえないからである。だが、この脅威が「おなかが空いたのね」という母親の言葉によって意味づけられ、実際に授乳されたならば、その現象は「空腹」というひとつの思考となり、やがて乳児が自分自身でもちこたえることのできる苦痛へと変形されていく。このプロセスがビオンのいうコンテイニングであり、さらに彼はこのプロセスをベータ要素、アルファ要素、アルファ機能といった独特のタームを用いて詳細に検討していった。

ベータ要素とは、先の乳児に襲いかかる生理的、感覚的苦痛のように、その個人に対して決定的な作用を及ぼしながら、いまだ考えることのできない体験要素である。それはカントのいう「物自体」同様に不可知で、それ自体で完結し、他の観念とのアクセスを断たれているために、そこに意味を付与することも、他の意味へと変換することも不可能なものである。そのためベータ要素はこころに蓄積されず、快－不快原理に従って、ただひたすらに排出されるのみとなる。そして、それはときに妄想や奇怪な対象群（bizarre objects）を形作り、ときに対人交流上に具体化され、ときにさまざまな行動化や身体化を引き起こす。結果としてその個人は経験から学ぶ術を失い、ベータ要素に突き動かされた生を反復していくことになる。

一方、アルファ要素は夢の素材のように一定の意味を有し、互いに接続し合えるような性質をそなえている。この「意味を有している」ということと、「それぞれの要素が互いに接続し合える」という性質は相互補完的な関係を呈している。なぜなら、論理学者であるクワイン（一九六一）がいうように、ある観念が意味をもつかどうかは、それが他の観念と接続可能かどうかに懸かっているからである。

意味は差異から生まれる。すべてが青色の世界に住む人は「青」という概念を考えることができず、そこに何らかの別の色が入りこむことでようやく「青」は相対化され、考えることのできる概念となる。ある観念は別の観念と接続し、その差異が露になることではじめて意味を成すのであり、ビオンがアルファ機能と呼んだものはこうした意味生成のための（ベータ要素をアルファ要素に変形するための）思考装置であった。

さらに彼はアルファ機能によって産出されたアルファ要素が互いに接続し合うことで生成された膜をフロイトのいう接触障壁と等置し、それを意識と無意識を線引きしつつ、それらを互いに行き交わせることのできる（意識は理解を介して無意識に浸透し、無意識は象徴的派生物を介して意識に立ち現れる）心的な境界膜として捉えた。ここには「こころ」を理解するうえでの相当に重要なパラダイムシフトが含意されている。というのも、ビオンの考えでは無意識を意識化することが「考えること」ではなく、むしろ「考えること」こそが意識と無意識を区分し、内的現実と外的現実を選り分けていくことになるからである。「こころ」があることで「思考」が生まれるのではなく、「思考すること」こそが「こころ」を生みだしていくのであり、ビオンにとって「こころ」は「思考すること」によって成立しうるある種の可能態として思いえがかれていた。彼がコンテイナーモデルやベータ要素といったアイデアによって示そうとしたことは、「こころ」が成立する以前の人間の様態であった。

そして、ビオンは対象との情動的なつながりのなかで体験を考えていくこと、すなわち、LとHがKへと結実していくプロセスこそが精神分析的な営みであることを示した（そして、その後にbecoming Oという考えを呈示した）。飛谷（二〇一二）が指摘するように、彼はクラインがサディズムの一派生物としてしか位置づけられなかった認識欲動（epistemophilia）を、より生産的な形で読みなおしたといえるだろう。メルツァーはこうしたビオンの想定を認識論的次元と評し、この見解を発展させて、人の心的世界を思考作用の及ぶ「心的生活」と思考作用の及ばないマインドレスな「原心的生活（proto-mental life）」とに分類した。後者の世界ではいまだ象徴が存在せず、体験の意味は剝ぎ取られ、外的事象は物的な事実の総体と化す。このとき人はただ自動反応的に生きることを余儀なくされ、情緒を十全に体験し、思考し、物事を判断し、主体的に決断していくことから決定的に隔てられていく。[†註一]

ビオンのいうアルファ機能は、人が主体的に、パーソナルに、人間的に生きていくための礎石となっている。そして、彼はアルファ機能による思考作用の醸成が母の不在、すなわち乳児の生きる糧となる「乳房」の不在を機に促進されることを示した。その欲求不満状態と多大な苦痛のなかで、乳児が乳房の象徴的再現（事態を考えようとするこころ）を志向し、ふたたび現れた母親に不在時の迫害的苦痛を包みこまれることで、乳児のなかに母の「考える乳房」（＝アルファ機能）が内在化されていく。[†註二]

そして、メルツァーが着目したのは、この乳房への志向の動因である。人は何故それを志向するのだろうか。あるいは、そもそもに人の情動を喚起するものとは何だろうか。

彼の処女作である『精神分析過程』（一九六七）のころから垣間見え、『精神分析と美』（一九八八）によって明示された美的次元への道は、こうした問いから切り開かれ、結実することになる。

メルツァーの美の理論

その答えをメルツァーは美に求めた。Kへの志向は母の美しい外面の内部を知ることへの情熱を機としており、L、H、Kへの切望は美的対象によって喚起された情熱をもとに始動する。「美は真実であり、真実は美」（キーツ）であるとき、メルツァーはこの真実と美というふたつのテーゼを情熱によって架橋した。

情熱とは真実への駆り立てである。人のなかに何か本質的な変化が生まれようとするとき、そこには必ず真実への駆り立てが生起し、その駆り立ては美的対象への情熱に依拠している。無論、その変化によってつかみだされた理解はときにおぞましく、醜く、痛ましい事実かもしれない。だが、そのおぞましさを触知せんとするこころには美が宿っている。おぞましさや醜さや痛ましさは、それが真実である限り、反－美的なものにはなりえない。メルツァーにとって、美に反するものとは真実から目を背けようとする嘘であり、偽善であり、冷笑的態度であり、俗物的な心性である。それらは美への情熱や関心を欠いたマイナスLHKの産物である。彼はビオンの負の結合を捉えなおすことで、「知ること」を人の根源に敷く思索をさらに発展させていき、その到達点が美的次元であった。ビオンは思考過程が極度に阻まれたある患者の在り様を理解したとき、それが「科学的経験よりも美的経験のおかげ」であることを『変形』（一九六五）のなかの一行に記したが、メルツァーはその一行に真実への道程を見据えた（その著書『クライン派の発展』のなかで、メルツァーはビオンがグリッドに美的な次元を据えなかったことを指摘し、G行の科学的演繹体系を美的な水準へと置換した新たなグリッドを提案している）。

そして、メルツァーは美的体験をその独自の発達論と病理論とに連接させながら、その論を深化させていった。以下にその概観を示してみよう。

彼の発達論は胎内から開始される。胎児は聞こえくる音楽と一定のリズムを保つ心地よい揺れのなか、すでに豊かな想像をもってそこに息づいている。その音楽――母の声――は原初の美的対象である。誕生というセズーラを経て外界に登場した新生児は子宮から追放された無力感、つまりは重力や飢え、激しい音や温度や外界の眩さのなかで、母親という圧倒的な美的対象に遭遇する。そして、その出会いはひとつの衝撃となる。

だが、その衝撃に晒されつつも、乳児はいつしか母の表情、まなざし、乳房から生きるための糧を得て、その美を体感しはじめる。と同時に、その謎めいた美しい外的形態の内部を知ろうと情熱を迸らせる。それこそがKへの衝迫であり、乳児を真実へ駆り立てていく。

しかし、あたかも風光に雲の影が射すかのように、ときに翳りを帯びる母の表情、現れては消え去る乳房によって、乳児の認識欲動は捉えどころのなさへと置き去りにされる。こうして乳児は自身を惹きつけて止まない美的対象への強烈な関心と不確かさによる苦悶との狭間で美をめぐる葛藤を生きることになる。そして、この美的葛藤をもちこたえ、尚も対象を知ろうとするならば、この葛藤は創造性の源泉となり、こころの進展の礎となっていく。

こうした美の衝撃、その不確かさとわからなさに耐える能力を、メルツァーは詩人キーツのいうネガティヴ・ケイパビリティ（消極的受容力）と重ね合わせ、人の心的発達における重要な志向性として位置づけた（このことからメルツァーのいう美的体験は一般的にいう「感動」のようなカタルシス的事態とも微妙に質を違えていることが理解される。美的体験には「わからなさ」もしくは「未知なる雲」〔Melzer, 1988〕に耐えつつも、「知ろうとすること」という苦難の道程をふくんでいるからである）。

このプロセスのなかで、乳児が授乳体験に内在する美的体験を生きることができれば、対象は断片化した部分としてではなく、「乳児－乳房」、「乳首－乳房」といった結合対象として認識される。特に後者は「謎めく寝室で性交する父－母」という結合両親像へと発展し、この謎と神秘のヴェールに包まれた結合対象こそが心的な生産性の基盤となり、意味を生みだすコンテイナーとなる。それは象徴機能の形成に寄与し、私たちをグリッドC行――夢思考、夢、神話――へと誘っていく。

一方、この美的葛藤や美的体験からの退避は、情動的なこころを枯渇させ、さまざまな病理や不毛で平板化した状態へとこころを変質させる。特に対象による美の衝撃に対して分割機制が不適切に使用されれば、部分対象間の分割や統合にさまざまな混乱がもたらされ、対象の役割や機能にある種の誤謬が生起する。たとえば、「乳首」と「ペニス」が混同され、「乳房」が分割されると、「性愛に偏向したペニス」と羨望に満ちた「穴の空いた乳房」が形成されるが、そのような対象関係世界を生きる人は、母性的な愛と部分対象関係的な性愛を混同し、いつまでも満たされない嗜癖的な性愛に身を落とすことになるかもしれない。あるいは破壊された乳房からの報復的な迫害に怯え、慢性的な空虚感を抱えることになるかもしれない。また、「乳首－ペニス－糞便」、「乳房－尻」などの誤結合によって、「悪性の乳首や乳房」が生成されると、排泄物が理想化され、生産性が排泄行為と等価値となる心性が構築され、人をパラノイド的不信へと導くことになるとメルツァーは考えた。

さらに、彼の美の理論は『自閉症世界の探求』（一九七五）にて考察された「こころの次元性」とも結びついている。この著書のなかで、彼はこころの様式を以下の四タイプに分類した。それはマインドレスで神経反射的に世界を生きる一次元性のこころ、対象および自己の内部空間が成立せず、投影も取り入れもできないままに対象の表面的特質に付着的に同一化し続ける二次元性のこころ、対象と自己の内部空間が想定されることで、投影同一化を介して自身のこころの一部を排出したり、コミュニケートしたりすることが可能な三次元性のこころ、そうした三次元性の世界に時間的展望が加味されることで、対象と自己をひとつの連続体として認識し、自身の志向に沿って対象を取り入れ同一化し、内的対象についての理解を修正することが可能な四次元性のこころの四タイプである。

特に美的体験からの退避は二次元的なこころと三次元的なこころの狭間に大きな障壁をつくりだす。この退避によって対象の謎めいた内部空間への探求が放棄されれば、人は三次元的なこころを成立させることが困難となる。なぜなら、対象の内部空間を想定しえないことは、そのまま自身のこころの内部——その奥行きや広がりや深み——を築くことの困難と直結し、中身のない、もしくは中身を容れておく容器すらないこころが構築されるからである。

そして、『閉所』(一九九二)のなかに記された「内的対象の内部空間への幽閉」という事態は、対象とその美しさへの情熱をKに結びつけられず、対象の支配や占有を目的にその内部へと無造作に侵入した結果である。対象の内部(頭部・乳房、性器部、直腸といった各部位)に招かれざる客として侵入したことで、人はその閉塞的な世界に半永久的に留め置かれることになる。[†註三]

こうしたメルツァーの発達論と病理論は、クラインやビオンの見解をふまえつつも、彼らの考えとはやはり質を異にしている。この三者の病理論はいずれもが心的発達に不可欠な「知ること」の停滞を軸に展開されているが、クラインが自身の攻撃性に由来する迫害不安の生起をその停滞の要因としたのに対し、メルツァーは母の美しさによる衝撃とその謎めいた内部の不確かさに対する耐え難さをその要因としている。そして、ビオンが「不在の乳房」との関わりを子どもの思考の発達と結びつけたのに対し、メルツァーは「現前する乳房」との関係に注目している。思考の発達は「現前する対象」(そこには「迫害者として現前する不在の対象の影をもふくみこんでいる」〔Meltzer, 1988〕)の内部を発見したいという情熱的な探求心に依拠している。彼の視座は不在そのものよりも、存在のなかにはらまれる不在性、存在のなかの不確かさにおかれているといえるだろう。

そして、最大の相違は、彼がこの美的葛藤を抑うつポジションのとば口にて発生する事態と捉え、人の原初的なこころに抑うつポジションを見据えた点である。彼が想定する最早期の乳児は理想化された良い対象－自己と迫害的な悪い対象－自己とに分割され、断片化した世界を生きる乳児ではなく、生後まもなくから外面の美と不可解な内部を併せもつ全体的で複雑な対象と出会い、美的体験への歓喜や苦痛や畏怖や驚愕が混在する包括的で複雑な情緒を体験している。ゆえに、メルツァーの考えでは、抑うつポジションこそが妄想－分裂ポジションに先行し、後者を美的葛藤の苦痛からもたらされた結果として捉えなおした。そして、こうした人生の出発点における美的葛藤は従来から語られてきた妄想－分裂ポジションから抑うつポジションへの移行に際して回帰し、その進展は美的対象(美的体験)の不確かさにともなう苦痛をもちこたえながら、美を理解していくプロセスによって成し遂げられることを示した。

この革新的な知見は賛否両論あるところだろう。だが、彼が述べる美的な体験は――決して所有することはできないが、それでも尚、それを知ろうとする真実への情熱は――確かに人間の根底に息づいているように思われる。彼は日常生活を生きるうえで私たちがいつのまにか置き去りにしてしまったものを再度私たちのこころに喚起しようとしているようである。

臨床における美的体験

このようにメルツァーは美的体験を人の原初的体験として捉え、人がパーソナルに、真に生きているという感覚をもつことに、美がいかに貢献しているのかを示した。そして、美の衝撃とその葛藤を抱えることが、私たちの心的生活にいかに大きな影響を与えているのかを明らかにしていった。

彼はその葛藤を抱えるための重要な要素として「美的相互性（aesthetic reciprocity）」というアイデアを提起している。母の美しさこそがその内部を情熱的に探求しようとする（真実に向かおうとする）美的なこころを子どもに喚起し、同時にそのような探求心は子どもの潜在的可能性や創造性を、つまりは子どもの美を見いだそうとする母のまなざしによって成立する。この美的相互性は私たちの営みにおいても同様だろう。患者が美的なこころを取り戻し、生きることや世界の美しさを体感するには、彼らの美を感じとろうとする治療者のまなざしが不可欠となる。メルツァーにとって精神分析はその最たる方法であった。

だが、一口に方法といっても、こと臨床においては、それは意図的に生起させうるものではないように私には感じられる。この美的相互性はそのように感じようとして感じられるわけではない、突然に降りかかってくる事態であり、メルツァー自身も美的体験の生成を「一目惚れ」や「インスピレーション」と結びつけたように、それはかなり瞬間的で、直観的で、自生的な体験である。

私たちはある芸術作品の価値と素晴らしさをすでに知っている。子どもが美しいことも知っている。セラピーでとても貴重なかけがえのない瞬間が去来することも知っている。だが、その作品に直にふれ、子どもの誕生と成長を目の当たりにし、セラピーの決定的瞬間に立ち会うとき、それらの体験はそうした既成の知見を遥かに凌駕する驚きと、感動と、畏怖をともなって私たちの眼前に立ち現れる。それは作品や出来事の美を意図的に汲みとるような代物ではなく、私たちの美的なこころがその深淵からひきずり出されてくるような感覚をともなっている。

私たちに可能なことは患者の美的なこころを発見しようとする姿勢を維持することだけなのだろう。子どもや患者が謎めく対象のわからなさに耐える必要があるように、私たちもまた彼らの美的なこころへの情熱と関心を維持しつつ、そのわからなさを抱えていく必要がある。

こうした姿勢の維持によって、美的体験は長期にわたる苦難と不毛に満ちたセラピープロセス内に唐突に姿を現す。そして、このあまりにも稀少で美的な瞬間を媒介にして、患者も私たちもいつのまにか本質的な変化を被っている。臨床における美的体験を記述するならば、このような形になるのだろうと私は考えている。

事例 「線路」

六歳になるその男児はかなり悲惨な生育史を生きのびていた。

両親は彼の生前に離婚し、彼が生まれてすぐに養育者である母も行方をくらました。ゆえに彼は母方祖父母にひきとられて生活していた。だが、祖父母の体調不良に応じて、ときに他の親戚宅で長期間滞在することもあり、彼の生活状況は明らかに不安定であった。祖父母は基本的には彼の養育を誠実にこなしていたが、体調の問題は如何ともし難く、また預け先の親戚宅にも幼子がおり、どうしても彼は十分な養育環境を得ることができないでいた。そして、彼は知的に高い能力を持ちながらも言葉数少なく、子どもらしい活力を欠いていた。保育所でも他児との交流は乏しかった。

彼が四歳になるころ、音信不通だった母からの手紙が舞いこんだ。そこには母が遠隔地で暮らし、すでに別家庭を設けていること、そのため彼とは二度と会えないことが記されていた。彼には母から手紙がきたことだけは伝えられたが、彼の心情を慮った祖父母の配慮でその内容は彼には伏せられた。当初は手紙がきたことに驚き、その内容を気にする素振りをみせたが、次第に彼の関心は薄れていったようであった。その二年後に祖父母の知人の勧めで手紙の内容が彼に明かされたが、別段気になる反応もなく、彼は淡々とその事実を受けとめているようであった。生活上でも特別な変化はみられなかった。

だが、しばらくすると彼は急に落ち着きのない子どもへと変貌した。保育所内をあてもなく彷徨い、ときには所外に飛び出すこともあった。どれだけ叱責してもこの行動は改善されず、その理由も明らかにはならなかった。保育所職員や祖父母にとって、彼はますます何を考えているのかわからない、捉え難い子どもとなっていった。

このような経過のなかで、彼は私の勤める相談機関に至った。私はこのような彼の在り様について考えるために、週二回五〇分枠のプレイセラピーの場を設定した。

当初から、彼は緊張も不安もみせることなく穏やかな様子で遊んだ。玩具も器用に使いこなし、口数は少ないが、私との交流もいたって平穏なものだった。

だが、それだけだった。彼との心理療法では何ら豊かな象徴的表現も、深い心的交流も展開されることはなく、家や人形を手にしても、ストーリー性のある遊びがなされることはなかった。それよりも彼は玩具の機能に注目し続けるのみだった。私もまた何の情緒も思考も湧かず、ほとんど遊びの意味もつかめずにいた。彼は記述的診断としては自閉症とは云い難かったが、彼のセラピーはそうしたタイプの子どもたちとの関わりを彷彿とさせた。日々の生活において、彼自身がこの玩具たちのように自らを機械的に作動させているにすぎず、人間的な体験から決定的に隔絶された世界を生きているのだと私には感じられた。

半年程が経過すると、私は彼とのセラピーに対して明瞭に苦痛を覚えるようになった。というのも、彼が原初的で感覚的としか思えない「ひとり遊び」に没頭しはじめたからである。ひとりで床や玩具の線路にて玉転がしを行い、箱庭にその小さなビー玉や車、電車や小動物のフィギュアを埋めては掘りかえすことを繰り返すようになった。彼はこうした遊びに時間のすべてを費やした。私はこの遊びをさまざまな文脈から取り上げてみた。たとえば、出産の象徴的表現やフロイトが『快原理の彼岸』で示したフォルト・ダー遊び（幼児が行っていた糸巻遊びのことであり、母親の出現と消失を表す遊びとして解釈された）の文脈から、あるいは治療者（＝彼の内的母親）の内部空間への侵入（＝埋める）とその中身の剝奪（＝掘りかえす）といった文脈や、あるいは心的なひきこもりといった観点から介入することもあった。だが、彼には何も響かず、私は成す術ない心境を味わい続けていた。次第に私はひたすらに退屈さと眠気をこらえるだけで手一杯な心境へと陥っていった。

一年を経たころから、彼は私に電車の線路を作成させ、その間自身は例の箱庭での「ひとり遊び」に没頭し、線路が完成するとひとりで電車を幾度も往来させる遊びを毎回行うようになった。彼自身が線路を制作することも、どのような線路を作って欲しいのかを要望することもなく、「先生が好きに作ってくれたらいいよ」と言うのみだった。この遊びはルーティン化し、依然として私には途轍もなく不毛な時間が経過しているとしか思えなかった。こうした私の在り方は「彼のこころを理解しようとしない彼のなかの無関心な母親像」を生きていることになるのだろうと考えたりもしたが、それも何かこじつけめいた理解にすぎないような気がした。実際には彼が何をしているのかも、何を表現しようとしているのかも、何故こうした不毛な時間が経過しているのかもつかめぬままに、とにかく私は彼との時間をやりすごすしかなかった。

ここまで記したようなフラットな営みは二年にわたって続いた。それでも彼はほとんどキャンセルすることなく来談し、この間に入学した小学校でも特に問題なく過ごせていることが祖父母から報告された。友人との交流もある程度は成立しているようであった。しかし、私にはこのセラピー内で何か本質的な変化が生じたとは到底思えなかった。

このような経過のなか、事が動いたのはその年の十二月のあるセッションであった。その後に三週間の比較的長い長期休暇を控えたセッションでのことだった。

そのはじまりはいつもと異なっていた。普段は開始後すぐに線路制作を要求する彼が、このときは室内のカレンダーをまじまじと眺めてから私に話しかけた。それはもうすぐクリスマスであり、家にサンタクロースが来るという内容であった。昨年も一昨年も来たので今年も必ず来るに違いない、でも、どうしてプレゼントをくれるのだろう、どうして夜中に帰っていくのだろう、でも、多分、子どものことが大好きだから来てくれるのだろう、と彼は少し熱を帯びた口調で話していった。彼がこのように日常の話をすることは珍しいことだった。私は彼がいま何かとても大切なことを私に求めているように思えることを伝えた。しかし、彼は「ううん。先生にもサンタさんにも別に何もお願いはないよ。玩具もサンタさんが選んでくれた玩具でいいから」と応え、そのままいつもの線路制作に私を促した。私はそれ以上言葉をつなげることができず、線路作りに取り組むしかなかった。この一見健気にみえる彼の発言には、自身の願いは決して叶うことなく、それゆえに何も望みえないという彼の想いがふくみこまれているように私には感じられた。そして、いまやこの線路作りは私のなかで不毛の象徴と化しており、今回の新たな動きからもやはり何も生みだせなかったようだと落胆した。彼の方はいつものように箱庭にてビー玉や車を埋めては掘りかえす遊びをはじめていた。

気づくと、私はいつものような循環する線路とは異なり、どん詰まりの線路を作成していた。自身の心情のあからさまな表現に私はひとり苦笑した。ただ、すぐに私は自分もまたいつもと異なるふるまいをしていることに気がついた。

ここでふと私は箱庭で玩具を埋めては掘りかえす彼を見て、以前にも空想したフォルト・ダー遊びを思い起こした。このときの私はエルンスト坊や（フォルト・ダー遊びはフロイトの孫であるエルンストの遊びの様子を素材にしたといわれる）の姿よりも、それを見つめ、その様子について執筆しているフロイトの心境に想いを寄せていた。（実際のところの出来事の前後関係はわからないが）エルンストの母であり、フロイトの愛娘でもあるゾフィーの死を背景に記されたといわれる『快原理の彼岸』におけるこの描写を、かねてから私はもの悲しくも一抹の美しさをそなえた光景だと感じていた。

そして、目前の彼もまた母を失った子どもであることに改めて感じ入ったとき、唐突にある考えが私のなかに去来した。それはここに作られた線路は母のもとへと向かう道なのではないかという考えであった。

彼には母が遠隔地にいることは知らされていても、それがどこかは教えられてはいなかった。そもそも彼は母から拒絶されていた。この線路は目的地には決して辿り着かない道であり、その彼の絶望感こそがあてもなく線路を作成せねばならない私の心境と呼応していることに私は気づいた。

この不毛な線路作りは、母の喪失という彼の絶望を私とのあいだでコミュニケートするためのツールであるように感じられた。彼の望みは決して成就しないのだろう。それゆえにサンタクロースや私への願いは何もないのだろう。これまでの私はこうした彼の絶望を本当の意味で理解することのできない対象となる一方で、この絶望を生きる彼そのものになってもいた。

私はこの二年ものあいだ、彼の痛みを真に理解しえないままにあった自分に失望した。しかし、たとえ願いは叶わなくとも、それでも尚、サンタクロースが来ることだけは信じることのできる彼に何か希望のようなものも感じていた。

私は彼に語りかけた。この線路作りが母に会いたい彼の願いを表しているように思えることを、ただ、その願いが叶いそうにないことも彼にはわかっていることを、それでもその悲しみや痛みを私と共有することはできるかもしれないと彼が感じているように思えることを、そして、この長期休暇が明けても、変わらず私と出会えることを彼が望んでいるように思えることを、そうした内容をなるべく平易な言葉で彼に伝えた。

彼には伝わったようだった。彼はこれまでに見せたことのない驚愕の表情を浮かべた。そして「お母さんは来ない」とつぶやいた。私は彼を深く傷つけたと感じた。というよりも、私は彼の傷つきの深さをこのときようやく実感した。わかったふりをしていただけの自分にも強い痛みを感じた。

彼は箱庭で遊び続けていたが、そのうちに私が作成した線路の袋小路の箇所に木のフィギュアを一本置いた。それはクリスマスツリーを彷彿とさせる木だったが、私にはまるで墓標のように見えた。だが、やはりクリスマスツリーのようにも見えた。その横に彼は小さな家の玩具を置いた。

それから彼は分岐点となる線路を私に所望した。中途の線路をひとつ取り除いて、彼は自らその分岐点を取り付けた。そこから自分で線路を伸ばしていった。長い長い線路であった。作成のための線路が尽きたとき、彼はどん詰まりに置かれていた木と家を自分が延長した線路の先に置きなおした。そして、「こんな長い線路を走れる電車なんてあるのかな？」とつぶやき、「あるかな……ないかな……でも、あるかな……ねえ、先生はどう思う？」と問うた。

彼が私に何かを尋ねるのは珍しいことだった。私は「君はお父さんやお母さんのところに行けるやり方があるかどうかを知りたくなっているし、私がそのことをどう考えているのかも知りたくなっているんだね」と伝えた。彼は「先生もわからない？　僕もわからない」と応えた。私は「ただ、家はあなたが進む先にあるのだろうね」と伝えた。しばらくしてから彼は昨年あるアミューズメントパークに祖父母と訪れた際に見た巨大なクリスマスツリーがとても綺麗だったことを連想した。彼が自身の生活上のエピソードを話すこともやはり珍しいことだった。私は「君にとても綺麗なものを見せてくれる家族がいるんだね」と伝えた。彼は「うん。じいちゃんとばあちゃん」と応えた。

時間が終わると、「先生、またね」と言い、少し生き生きとした様子で退室していった。これもはじめてのことだったが、彼は退室際にカレンダーで次回のセッションの日付を確認していった。

これを機に彼のセラピーは少しずつ変化していった。彼は私と共に線路作りに取り組むようになった。それから線路の周辺に建物や人のフィギュアを配置するようになり、世界が構築されていった。そして、そこにドラマが展開されることになった。そのドラマはひとりの少年が電車に乗って車掌と共にさまざまな世界をめぐるという冒険活劇だった。その旅は「世界にひとつしかない秘宝」の探求を目的としていた。

あのとき、黙々と線路を紡ぎ、その先に木と家を置いた彼に対して、あるいは寂寞としたセラピープロセスのなかで、それでも探求し続けていた彼に対して、私はある種の畏怖や尊厳や感動を、すなわち彼のこころの美を確かに感じていたのである。

心理療法における美的体験の生成は患者の真実への探求心と共に、彼らのこころの美やポテンシャルを発見しようとする治療者のこころと連動している。素材において、彼が線路作りにまつわる解釈を慄きながらも受けとり、行き詰まる線路を進展への線路に作り替えたとき、私は彼のふるまいに胸を打たれた。同時に彼もまたいまある家族と共に体験した美的なエピソードの想起に至った。ここには相互に美的体験を喚起し合う彼と私がいたように思われる。

当初、母からの手紙が届いたとき、彼は衝撃を受けると共に、その中身の開示を求めた。手紙は彼にとって「自分にも母親がいる」という事実への直面になると同時に、おそらくはあまりにも謎めいた母親を表象することにもなったのだろう。ただ、彼にとって「母親」は手紙という無機質な物体としてしか表象されず、さらには母の考え（＝母の内部）を知ろうにも、現家族の配慮によってそれは叶わず（ただ、内容を知らせたところで、彼の母への疑問は解かれることはなかったかもしれない）、彼の「知ろうとするこころ」、すなわちKはあてもなく彷徨うしかなくなってしまった。彼は母親との美的相互性から追放され、自分が父母から生まれてきたことの意味を、捨てられたことの意味を、それでも生きていることとの意味を、彼が自らの力で探求する道は閉ざされてしまっていた。そして、この閉塞を私もまた治療者としてほとんど何もしえないという形で追体験していた。

本素材における美的体験は、彼がクリスマスの話題をもちこみ、いつもとは異なる形でセラピーをスタートさせたところから顕現しつつあった。そのときの私はサンタクロースの話を「叶わぬ願い」という彼の絶望的な心境と結びつけることしかできなかったが、ここにはすでに何かが生まれんとする気配も漂っていた（「クリスマス」という、神の言葉を聞きし人物の降誕日が近づいていたことにもおそらく大きな意味があった）。

そこには生の胎動があった。サンタクロースは内部に豊穣をはらむものの、彼には手の届き難い対象として、つまりは絶望の象徴として語られていたのかもしれない。だが、その語りには情熱の煌《きらめ》きがあった。彼はその対象を「所有する」（Meltzer, 1975）ことなどできないことを知りつつも、「プレゼント（＝内部の豊穣）」を呈示しようとしてくれるその理由を探求しようとしていた。

この局面で作られた袋小路の線路は、このセラピーに対する私の行き詰まり感と、おそらくは彼の袋小路的な心境が――外的および内的両親像への届き難さが――明瞭に形になったものであった。この線路作りが「分析的対象」（Green, 1975）となったことで、私のもの想いは彼の絶望と希望にふれることになったが、そのようなもの想いはいつもとは異なる状況をつくりだした彼――新たな分岐点をつくりだした彼――によって生成されたものであった。ここにある相互性はフォルト・ダー遊びについての私のもの想いにも、すなわち、エルンスト坊やに対する単なる心理学的意味の解読といった形ではなく、フロイト－ゾフィー－エルンストという三者の相互的な関係性に焦点づけられた私の空想にも反映されていた。

私が両親を失った彼の悲しみ、痛み、絶望に真にふれたのはこのときが最初であった。もちろん、それまでにも両親を失ったことによる彼の傷つきを想い続けてはいた。この明らかに行き詰まっているセラピーが彼の人生の行き詰まりと照応しているらしいと考えることもあった。だが、こうした理解はメルツァーの言葉を借りれば「記号的」な「無意味な語らい」にすぎず、私はわかったふりをしながら、何もわかってはいなかった。だからこそ、不毛な線路作りを通じて彼が伝えようとしていたことを私は長らくのあいだ感じとることができずにいた。私は彼の絶望を理解することから微妙な形で自分を逸らしていた。それは私が彼や彼の生きる状況に何の希望も見いだせなかったゆえであった。

しかし、このセッションにて、私たちは「対象の不在」にまつわる彼の心的苦痛と絶望に僅かながらもふれることができた。無論、その機序は「対象の不在時に乳房を象徴的に再現しようとする乳児の志向性」と「ふたたび現れた内的母親像によるコンテイニング」という文脈から理解しうるものでもある。だが、私は「サンタクロース」という象徴的ながらも「現前する対象」——実際にプレゼントを夜中に置いておく祖父母——との関係性についての彼の言及から事が動きはじめている点に注目する必要があると感じている。おそらくこのサンタクロースは（彼が「カレンダーを見る」という素材で連結させたように）「何故かセラピーというプレゼントを提供し続けてくれている治療者」でもあった。そこには祖父母と治療者という彼の外的および内的生活を抱え続ける「現前する対象」の意味を美的な形で感知しはじめた彼がいたのではなかろうか（ただし、私自身はまだこの時点では絶望感に支配されており、治療者としての私の美的な側面を、すなわち構造を維持し、枯渇しそうになりつつも治療者としての機能を維持しようと努めながら彼と会い続けようとしていた私の側面を感知していたのは、あくまで彼の方であった）。そして、この美的体験の萌芽は治療者としての機能を取り戻した私の解釈によって輪郭づけられ、彼はある種の衝撃を体験するに至った。ただ、彼はその衝撃から退却することなく、その苦難をもちこたえながら探求の歩を進めた。その歩みはふたりのあいだに醸成されていた美的相互性によって支えられていた。

私が彼に美を感じたのは、絶望的な状況をふまえつつも、尚、内的両親像へと至ろうとする彼の挑戦に対してである。それは途方もなく長い探求への旅路である。それはおそらくは私が線路を紡ぎ続けた長い時間と呼応しているが、それすらも彼の長い旅路の僅かな一ページにすぎないのだろう。両親の喪失という不条理な謎に対して、それでも彼は「木（＝ペニス－父）」と「家（＝容器－母）」に象徴される内的両親像へと向かっていった。その先にあるのはいまだ部分対象としての両親像にすぎないが、それでも彼は「対象と共に考える」（Williams, 1988）道を確かに歩みはじめた。

そして、こうした彼の挑戦は最初の主訴にあった「園内をあてもなく彷徨う彼」の姿にすでにひとつの可能態として示されていたのかもしれない。あるいは、それは二年ものあいだ何も気づこうとせず、彼を理解しようとしない「心的に死に絶えた対象」と化していた私の傍で、それでもフォルト・ダー遊びを続けていた彼の姿にも表されていたのかもしれない（彼が母の手紙と出会い、その中身を知るまでの期間が二年であった）。

いずれにせよ、美的体験は患者と治療者双方の「知ろうとするこころ」、つまりは真実を探求することにふくまれる美とそれゆえに喚起される情熱によって駆動する。

美的体験によって呼び覚まされたこころは、ときに悦びを、ときに苦痛を、ときに希望を、ときに絶望を、私たちに喚起する。そして、それこそが私たちが人間的に生きることの確かな礎となっているように私には感じられる。

†註

一――この「心的生活」と「原心的生活」については福本（一九九五）の区分が明瞭である。福本によれば、心的生活は情動的、象徴的、内界志向的、質的、審美的等々と形容され、思考すること、パーソナリティ、情動的経験、象徴形成、判断、決断、変形、言語等々がその特徴となる。一方の原心的生活は非象徴的、名指しうるもの（nominative）、外界事実的、量的と形容され、行動、本能、学習された社会的反応、習慣、自動的反応等々がその特徴とされる。

二――とはいえ、この内在化は平井（二〇一一）がいうように錯覚であり、「実際には内的対象がそのような機能を持つことを発見していくこと、広い意味での自己にもともと潜在していた力を見いだしていくこと」（平井、二〇一一）を意味していると思われる。

三――通常、母の乳房や顔は寛容さや包容力、その美しさにもとづく創造性の起源となるが（Meltzer, 1988）、その内部への侵入により「寛容さ」は「ギブ＆テイク」に、「包容力」は「唆し」に、「相互性」は「馴れ合い」に、「理解」は「秘密の暴露」へと陥落する。そして、こうした頭部・乳房に幽閉された患者は表面的な適応に終始した偽りの成熟を遂げていくことになる。

また、性器部への侵入より、患者のこころはペニスが崇拝された享楽的な世界のなかに閉鎖されることになる。そこでは「男根主義に染まった男性」、「男根の享受に歓喜する女性」、「内的な赤ん坊」が世代差を考慮せずに躁的なお祭り騒ぎを繰り返す対象関係が展開されている。このような世界に幽閉された患者は臨床的には性化行動の放縦、その防衛としての強迫症状、摂食の問題等のさまざまな問題を呈することになる。

最後に直腸部位への侵入はもっとも深刻な混乱を引き起こし、そこでは赤ん坊（患者の依存的な部分、創造的な部分）は死骸や残骸として至るところに散らばっており、サディズムに根差す残虐行為、倫理の価値下げ、拷問と服従といった非人道的な事態がまかり通っている。真実や誠実さは意味をもたず、性的倒錯、嗜癖、犯罪行為が楽しまれており、それはあたかも拷問用の強制収容所に監禁されたかのような世界を成しているという。

第七章　低頻度設定について

設定とは何か

日本の心理臨床の世界は「週一回、四五分ないしは五〇分」という設定を心理療法のベーシックなスタイルとして採用してきた。そして、それなりの数の臨床家がこの設定に特に違和感をもつことなく、自明のものとして取り入れているようである。それはある意味では「文化」と呼べる代物であり、私たちはある独特な「文化」を患者に差し出すことで、その専門性を発揮しようと努めている。

だが、私自身はこうした在り様が、すなわち「週一回、五〇分」設定を「自明のもの」として考えてきたことが、この業界内に相当にまずい状況をこしらえてきたと感じている。そのまずさとは構造や設定というある種の「容器」が、その内部に生じる体験やプロセスというある種の「中身」に対して与える影響を、十分に考慮することのない臨床家を多数輩出することになってしまったという事実である。

多くの臨床家が設定を重視し、その設定のなかで仕事をすることに自らの専門性の根拠を見いだしていることは間違いないだろう。だが、そのような姿勢は必ずしも設定というものの本質的な意義を理解していることとイコールではない。ともすれば、設定というものが教条的に祭り上げられているだけで、その意味をふまえたうえでそれを専門的に使用している臨床家がはたしてどれだけいるのだろうかと私は常々疑問に感じてきた。

ある患者との心理療法がどのような展開をみせるのかは、その患者と治療者の在り様や治療者のスキルのみに依拠するわけではない。液体が容器によってその形を変えるように、その展開はそこに準備された構造や設定や場によってかなりの部分を輪郭づけられる。一カ月に一回しか会わない人と、一週間に一回会う人と、毎日会う人とでは、関係の質が決定的に異なることは誰もが日常的に知るところだろう。

そもそも週一回、五〇分、対面法という設定は、心理療法における構造の一形態にすぎず、包括的にみればそれは必ずしもベーシックなものではない。毎日分析を基本として発展し、現在でも国際基準として週四日（もしくは週三日）以上の頻度をもつ精神分析からすれば、週一回設定はセッションとセッションのあいだにかなりの隙間がある特殊な治療法として捉えられることになる。また、EMDRなどは一セッション九〇分が基本であり、ホームワークを中心とした行動療法的介入ならば頻度は課題の達成具合によって柔軟に変更されていく可能性もあるだろう。あるいは、なるべく治療関係における退行を抑制し、問題を焦点化した自我支持的な介入が望ましいと評価された患者ならば、週一回、二〇分から三〇分と時間を短縮したり、二週に一回の頻度にした方が安全に治療を進められる場合もある。さらには直近で何らかの外傷的な出来事に遭遇した人や精神症状の初発段階にある患者といった緊急度の高い事例においては、一回一五分程度の面接を週三日、四日取りもって経過を観察し、適宜必要なアドバイスを供給していく支援が望ましいこともある。

このように、本来設定というものはその患者に必要な介入法に応じて「選択」されるものである。こうした視点にもとづくならば、来た患者すべてを何の吟味もなく最初から「週一回、五〇分」設定に巻きこんでいくことは、かなり不自然な、ときには強圧的な行為として捉えられることになる。

このような文化に対して私が懸念することは、「週一回、五〇分」という枠組みが「心理療法」を行うための自明の設定とされたことで、「その患者に応じた介入法を選択していく」という手続き自体が完全にスルーされる傾向を助長させた可能性である。介入法の策定は私たちがその専門性をもっとも発揮すべき営為のはずである。「心理療法」という用語自体は言語カテゴリー的には「衣類」や「食物」といった用語と同水準のカテゴリーレベルに属している。そして、そのユーザーが必要としているのは、衣類のなかでも和服かもしれないし、ジーンズかもしれないし、下着かもしれないし、喪服かもしれない。だが、こと心理療法のユーザーにおいては、衣類のように自分が必要としているものを自身で同定することが難しく、その選択は往々にして私たち専門家の手に委ねられている。患者はとにかく話を聞いてもらいたかったり、困難に対する具体的な解決策や対処法をアドバイスしてもらいたかったり、自身について深く知る必要があったり、ひたすら誰かにすがりつきたくなっているのかもしれない。そこには多様なニーズがあり、それに応じた多様な介入法があり、それに準じた多様な治療設定が用意されることになる。

だが、こうした手続きにほとんど関心を払わず、そのまま流れるように「週一回、五〇分」の「心理療法」へと患者を誘っていく事例発表を私はこれまでに何度も見聞きしてきた。そして、大抵の場合にそこで供給される営みは「アドバイスを差し控え、受容的に話を傾聴する」という形式をとっていた。しかし、具体的なアドバイスを欲するユーザーに何の断りもなくこの種の「心理療法」を供給しはじめることは、ときに喪服を求める人にジーンズを押し売りするようなことになりかねない。無論、先述したように、患者は自身の本質的なニーズをその時点では十分につかみきれておらず、専門家である治療者こそがそれを把握しているゆえに「この患者に対してアドバイスは意味がなく、何かを自由に語っていく体験が必要だ」と判断する場合もあることだろう。だが、そうであるならば、何故そうであるのかを、何故治療者が患者の意識的なニーズとは異なる介入法を選択したのかを、最初の段階で患者に説明し、その判断の根拠を示す必要がある。それは治療者としての倫理でもある。

さらにいえば、「週一回、五〇分、受容と傾聴を基盤とした心理的介入」を一律的に供給しようとする治療者は危険ですらある。ローレベルのボーダーラインパーソナリティ患者やパラノイックな精神病水準の患者の場合には、この受容と傾聴を基盤とした沈黙がちな治療者の在り方は、「得体の知れなさ」や「これから何をされるのかわからない」という心境にもとづく強烈な不安を彼らに喚起し、その後に一週間の分離が待っているという相当に過酷な状況へと彼らを追いこみかねない。

あるいは逆に、この営みの目的やこれから行う協働作業の内容説明を曖昧にしておくことで、ユーザーの万能的な期待を増幅させる場合もある。「これから何が行われ、どのような意味でこの人（治療者）は『一緒に考えていきましょう』と言っているのかよくわからないが、とにかくここに通えば何とかなるのだろう」という印象を患者にもたせるならば、その治療がいずれある種の幻滅と共に行き詰まりを呈することは目に見えている。無論、多くの患者は大なり小なり何らかの期待を寄せて心理療法の場に足を運んでおり、そのプロセスのなかで彼らの期待が万能的なものへと膨らんだり、急激な失望へと落ちこんだりすることは十分予測されることである。しかし、だからこそ私たちは最初からわざわざ万能的、非現実的な期待を膨らませるようなことをせずに、専門家として患者をどのように捉え、何を目的と考え、そのために選択した介入法がどのようなものであるのかを患者に説明することで、なるべく現実的でフラットな状態から事をはじめようとする努力が要請されるはずである（この種の「説明」として散見されるのが「一緒に考えていきましょう」や「こころを整理していきましょう」という言葉である。そして、「一緒に考えていきましょう」と言いながら、治療者がいっこうに自身の理解や解釈を呈示しようとしなかったり、「こころを整理していきましょう」と言いながら、力動的・探索的な介入を駆使して、患者のこころをより複雑にしている臨床家に私は強い違和感を抱いている。前者のような介入法で進めるならば「あなたに自由に思い浮かんだことや考えたことを話してもらい、私の方はそれをじっくりと聞かせてもらいます。そのなかであなた自身の考えがどのように変わっていくのかをみていきましょう」と説明し、後者の介入法でいくならば「あなた自身も気づいていないあなたの部分について考えていくことにしましょう。その際、こころが複雑になり、ときに知りたくなかった自分を知ることで苦しみを覚えることもあるかもしれません。しかし、その苦しみについても一緒に見つめていき、それが何故なのかを考えていきましょう」などの説明にすべきだろう）。

私自身は「患者のニーズとそれに応じた介入法の選択によって治療構造を決定していく」という発想が心理臨床文化のなかで疎かにされてきた歴史があると感じている。そして、その要因として、「設定や治療構造というものが患者のためにあり、患者にとってよいものである」という想定への囚われがあると考えている。このような推測は、しばしば耳にする「患者のプライバシーが保護された空間」、「自由にして保護された空間」などの設定をめぐる言葉遣いに依拠している。

だが、そのような設定に対する一律的な言明は臨床家側の方便にすぎない。患者はその設定を「プライバシーの保護された」、「自由にして保護された空間」として体験しているとは限らず、ある患者にとっては心理療法のなかで自分が話したことは「治療者が同僚とお喋りをする際の話のネタ」になると感じられているかもしれないし、ある患者にとってはその空間は「盗聴器まみれ」の場として体験されているかもしれない。また、ある患者はその場を「いつか自身の内奥にある罪が暴かれ、糾弾される場」と感じているかもしれないし、別のある患者は「毎週必ず来なければならない牢獄」として体験しているかもしれない。その設定をどう体験するかはあくまで患者の主観に拠っており、その体験のコンテクストを私たちがあらかじめ決めてしまうならば、患者の意識的、無意識的な体験を理解し損ねるだけでなく、私たち自身もその設定の信奉者となり、設定供給をめぐるセンシティヴな思考を麻痺させてしまうことになる。

私の理解では、設定や治療構造それ自体は一義的には患者のためではなく、治療者のためにある。治療者は五〇分であるからこそ患者の語りに治療的に耳を傾けることができ、自分が用意した場所であるからこそ患者からいかなる想いをぶつけられても安全感をもって彼らと会い続けることができる。鮨職人における包丁や宮大工における鉋《かんな》のように、設定とは治療者がその専門的能力をフルに発揮するためのツールである。[†註] そして、だからこそ設定や治療構造は本来的にはその臨床家の裁量で決定される必要がある。患者のニーズに応じて必要な設定を用意し、必要な介入を行っていく。これこそが心理臨床家がその力を最大限に発揮することのできる治療環境である。

だが、残念ながら現状はそうではない。多数の患者および相談者に対応せねばならない医療現場やスクールカウンセリングの場では、治療者の裁量によって設定を定めることが叶わず、二週に一回三〇分や一カ月に一回というきわめてか細い頻度内での心理的支援を余儀なくされる。ときには特に多忙でなくとも、最初から「二週に一回、三〇分」という枠組みが義務づけられている現場もある。このような事実は臨床家としてのスキルや専門的アイテムをあらかじめ大幅に制限されたなかで、その専門的営為に従事していかねばならないことを意味している。

もちろん、自身が所属する臨床現場やそのスタッフに、心理士が自身の裁量で設定を定めることの意義を啓蒙していく努力は欠かせない。だが、実際にそれを叶えることは困難な場合もある。

ゆえに本章ではここまで述べてきた考えを前提として、低頻度設定における心理療法が意義ある営みとなるための技法的工夫について考えてみようと思う。このことは、ここまでの論旨とは真逆の思考を私たちに要請する。すなわち、患者のニーズに沿って介入法を同定し、その介入法に必要な設定を準備するという手続きとは異なり、あらかじめ支援者側の都合で定められた設定に患者にも付き合ってもらう際に、いかなる技法的工夫が必要となるのかを考えていくことになる。

尚、ここでは便宜的に低頻度設定の心理療法を「二週に一回」で行われる心理的支援として考えていくつもりである。

以下に私見を呈示していくが、私が検索した範囲では低頻度設定そのものをめぐって検討された論考はほとんど見当たらないため、この試みは文字通り私見に、つまりは私の経験知とそこから導きだされた仮説が主となることをあらかじめことわっておきたい。

高頻度設定の特性

ただ、低頻度設定についての議論に入る前に、まずはそれとは対照的な高頻度設定の特性について考えてみることにしたい。というのも、低頻度設定の特性は高頻度設定とのコントラストのなかに浮かび上がってくるように思えるからである。

基本的にその患者の無意識的なこころや治療関係をターゲットにした心理療法――精神分析的心理療法や力動的心理療法――においては、高頻度になればなるほど、場はよりセラピューティックなものになっていきやすい傾向があると思われる。

私は最大週三日まで頻度をあげた心理療法を数例経験してきたが、週一回で行う心理療法に比べるとはるかに患者のこころの機微や彼らの病理、あるいは治療関係に対する患者側の体験を――すなわち転移の動きを――つかみやすくなると感じてきた。特に月、火、水などのように連続した曜日を設定すると、この感覚はさらに増すことになる。それは接触機会が増えたことで患者のことがよくわかるようになるという単純な話ではなく、彼らの連想内容そのものが分析的、力動的な色彩を帯びることになるからである。

まず、心理療法が進むにつれ、話題は自然に日常生活での体験内容よりも昨日の、もしくは最近のセッション内容に則したものが多くなる。そのため自ずと患者が治療者や治療者との時間をどのように体験していたのかが話題の焦点となる。患者の日常生活における心理療法体験の度合が増えるので、このことは当然といえば当然である。あるいは、たとえ直接的に昨日のセッションでの体験が語られなくても、患者は直近の日常生活内でのエピソードを駆使して間接的に治療関係にまつわる体験を私たちに伝えようとする。そして、そのような間接的な連想でも、私たちの方も「心当たりがある」という感覚になりやすいので、その関係性に向けた実感のこもった解釈が容易となる。前日のセッションで患者の話のポイントが何かつかみ難かったと感じていると、患者の方も当日のセッションで「昨日、夫に話をしたが、自分のなかの肝心なしんどさをこの人はやっぱりわかってくれないと思った」といった連想が呈示されたりする。

換言すると、頻度が上がるほどに、こうした治療者のある種の「失敗」や「不十分さ」が十全に展開される余地が生みだされていくことになる。無論、このことは治療者が「失敗」をしてもよいという話ではない。私たちはたえず患者の在り様にこころを砕き、彼らの語りといまここに生起している事態に細心の注意を払わねばならない。だが、私たちもまた普通の人間である限り、常に彼らのこころに響く理解を届けることなどできるわけがない（逆にたえず患者に肯定的に迎え入れられる解釈が呈示されているならば、私たちは自身が患者にとっての絶対的な支配者になっていたり、メシアのような存在として体験されたりしている可能性に目を向ける必要があるだろう）。高頻度設定では、このような自然な事実がそのままひとつの事実として展開されやすくなる。設定が患者と治療者を——あるいはその関係を——抱えてくれているので、治療者は患者のさまざまな想い（自分のすべてをわかってほしい、自分を完全に満足させてほしい）を叶えねばならないという（万能的な転移－逆転移関係に根ざした）圧力から幾分解放されることになる。セッションの終わりにおいても、その後の六日間の分離にそなえて何か自我支持的な言葉をかけねばならないと考えることは少なくなり、患者が欲求不満状態で終えたとしても、治療者の懸念は「明日がある」という連続性を帯びた感覚に支えられることになる。このことは患者とのより自由な、より自然な、より人間的な交流を生起する条件になると同時に、この種の介入法の要である陰性感情のワークに取り組みやすくなることを意味している。

また、人為的につくられた陽性関係ではなく、設定が自然につくりだす陽性関係を背景にしながら事が進んでいくために、患者のこころに自然な退行状態が生起しやすくなる。そして、退行は患者の自我防衛の解除につながるゆえに、治療者は彼らのこころのより中核的な部分への接近が可能となる。

さらに、頻度が上がれば上がるほど、彼らの人生上の時間が物理的にセッションに費やされ、治療者の人生上の時間との重なりが増すために、彼らの人生上の苦難や病理もまたセッション内にもちこまれやすくなる。週一回設定の際には外側（患者の日常生活）で展開され、ある種の「話題」として括弧括りの形でもちこまれていた彼らの苦難が、セッション内に直に顔を覗かせるようになる。このことは治療者に大きな緊張や不安、戸惑いや苦しみを強いるが、同時にそれは彼らの苦難とダイレクトに関わることのできる機会となる。

結局のところ、高頻度設定が治療者にもたらすのはある種の「ゆとり」の感覚である。「何か意味あることをせねばならない」、「よい体験を供給せねばならない」、「鋭い解釈を呈示せねばならない」といった、しばしば治療者が体験する圧力は「治療者こそが患者と患者を取り巻く状況をマネージし、うまくコントロールせねばならない」という意識的、無意識的な要請からくる圧力を意味しているが、高頻度設定によって私たちはそうした力技的な作業をある程度免除される。このことは治療者が事を自由に感じ、考え、体験すること、すなわち「もの想い」に十分に浸る余地をつくりだす。より体験的にいえば、治療者は自身の頭やこころを「空っぽ」にしておくことができる。そして、治療者のこころにスペースが生まれることで、その分、患者のこころがその空間に息づくことになる。それは患者と治療者の双方が、より濃厚な、より生々しい転移‐逆転移関係を生きることに寄与している。こうしてその営みはより精神分析的な、より力動的な心理療法らしい場となっていく。

ただし、当然ながら、とにかく頻度を密にすればその場が分析的、力動的心理療法らしい場になっていくというわけではない。メルツァー（一九六七）が述べるように、その設定のなかにいる治療者（分析家）の在り様（訓練によって培われた治療的〔分析的〕姿勢）も当然問われることになる。ただ、高頻度設定が場をより心理療法的な、もしくはより分析的な方向に導いていく作用をそなえていること自体は確かな事実のように思われる。少なくとも治療者にとっては心理療法という営みが格段に取り組みやすいものとなる――たとえその営みが困難に満ちたとしても、その困難を十分に生きることのできる余地が生まれる――条件となっているように思われる。

しかし、一方で患者にとっては経済的、時間的な負担は確実に増し、ときには心理的な負担（週に何度も自身の病理に直面することによる負担など）も増加する可能性がある。ゆえに治療者は契約時にこのことを可能な限り説明し、そのうえでこの設定を手に取るのかどうかにまつわるユーザーの判断に寄り添っていく必要がある。さらには治療プロセスのなかでも、設定に対する患者の想いにたえず関心を払い続ける必要がある（とはいえ、一方で精神分析的、力動的、探索的な心理療法は、それをはじめたことで何が起こるのかをあらかじめ予測することができない仕組みになっている。この営みはあらかじめ定められたゴールに向かっていく営みではないゆえに「可能な限り説明し」といっても、本来的にはそのような説明はできない理屈になっている〔上田、二〇一二〕。この営みをはじめるうえで何かをインフォームドするとすれば「この治療をはじめると、どのような事態が生じるのかは究極のところは治療者にも予測できない」という内容になるはずである。この種の介入法においては、治療者は患者がリニアな形で「良くなっていく」ことに専門家としての責任をもつのではなく、その「予測不能の未知なる事態」に責任を負うことになる）。

ここまでのところで、精神分析的、力動的な心理療法を想定して高頻度設定の特性について論じてきたが、同じような理屈が認知行動療法やその他の介入法にも当てはまるのかどうかはわからない。だが、おそらくは一カ月に一回よりも二週に一回、二週に一回よりも一週に一回と介入機会が増えるほどに、その心理療法はより進めやすくなるのではなかろうか。

そして、低頻度設定においては、こうした高頻度設定がそなえるアドバンテージをあらかじめ失った状態で事が進められていくことになる。頻度が乏しくなればなるほど、治療者がセラピューティックに機能していくことは原理的な困難をはらむことになる。高頻度設定における精神分析的、力動的心理療法が、「解釈をする」という行為に向けて何かを感じ、考え、体験するという（その内実は複雑だが）形態的にはきわめてシンプルなスキルに依拠しているのに対し、低頻度設定の方がスキルとしては明らかに複雑なものを要請されているように私には思える。岡田（二〇一七）が週一回頻度の精神分析的心理療法を「精神分析の応用」であると論じたように、低頻度設定における心理療法は週一回設定や高頻度設定における心理療法の応用であると私は考えている。

さて、低頻度設定がそなえる大きな特性はやはりセッションごとの間隔の長さであり、分離の期間の長さであり、患者と治療者の物理的な時間的重なりの乏しさである。次項ではこのことがもたらす作用とそれゆえになされる技法的工夫について考えてみよう。

低頻度設定の特性とその技法的工夫

低頻度設定が患者にもたらす最大の恩恵は、時間的、経済的、労力的にとてもリーズナブルな形で「心理療法というものを受けている」という感覚を患者にもたらすことにあると思われる。

このようにいうと、何か患者は「心理療法らしきもの」に取り組んでいるにすぎず、ある種の錯覚的世界を体験しているにすぎないというニュアンスを帯びそうだが、私は特に皮肉を述べているつもりはない。確かに「二週に一回」という頻度は相当に関わりの薄い設定となるが、私が聞いたところでは、当の患者本人はそれでも（ときには一カ月に一回の頻度であっても）「心理療法を受けている」という感覚をもち、その枠内で可能な限りの心理的支援を享受していると感じているようであった。二週に一回は二週に一回なりの心理的効果というものがあるのだろう。

繰り返しになるが、二週に一回という頻度はかなり長いスパンで治療者や治療状況から患者を遠ざけ、否応なしに分離の感覚を体験させる。それゆえにもっとも忌避すべきことは患者の退行状態となる。私たちは通常、患者がほどよく退行し、自我防衛を緩める環境をこしらえるために設定をマネージしていくが（ただし、ウィニコットが「単に退行すること」と「退行する能力をもつこと」を区分したように、患者を「退行させる」のではなく、「退行する能力を使用しうる場」の創造こそが肝要となることに注意を向けておきたい）、低頻度設定の場合は患者の退行を極力防ぐ方向に治療状況をマネージする必要がある。そのため、低頻度設定の心理療法で選択される介入法は、自ずと支持的な心理療法（サポーティヴサイコセラピー）となる。

だが、しばしば誤解されている印象があるが、支持的心理療法とは単に患者を励ましたり、保護的に接したり、患者の意を汲んでそれに見合った応対をしていくようなものではない。そのような姿勢への偏重はむしろ患者の退行をむやみに助長させるのみである。

そうではなく、支持的心理療法において支持するものとは患者の自我である。周知の通り、自我とはエスから湧出される衝動性や、超自我からの要請や、外的な現実状況などに対応し、うまく折り合いをつけながら自身を成り立たせるための心的機関である。そして、その「自我」を「支持する」とは、**患者が自らの手で自身のなかの衝動性に折り合いをつけたり、目標に向かって自分を鼓舞したり、自分をうまく許したり、励ましたり、外的な困難に対応したり、あるいはそのために他の助力をうまく活用したりすることのできる力を支えていくこと**を意味している。支持的心理療法では治療者が肩代わり的に患者に何かをしようとするのではなく、患者自身が自らの力でさまざまな困難に対処していけるように支援する。支持的心理療法の眼目はセルフコーピングビヘイビアの獲得にあり、このことは自ずと退行抑制的な作用をもたらすことになる。ここには自助能力の促進を他者（治療者）の力を借りて達成する、というある種の逆説が介在している。

そして、そのような意味での「支持」を遂行するための技法的工夫として、ここでは「目標の明確化」と「語られる話題の限局化」という視座を提起しておきたい。

「目標の明確化」とは当然「このセラピーが何のためになされているのか」をクリアにすることを意味するが、低頻度設定の場合には、目標はより限局的で、より具体的な形に定める必要がある。「対人関係をうまくとれるようになる」という大雑把なものではなく、具体的に誰と良好な関係になる必要があるのかを明確にし、その人物との関係が何故難しくなっており、その解決にはどのような方法が考えられるのかを検討する。あるいは「原因不明の体調不良」や「抑うつ気分」によって日常生活が障碍されているならば、その生起によってもっとも困る生活場面を同定し、その局面を乗り切る方法や乗り切れないときの代替案を検討していくことになる。「対人関係をうまくとれるようになる」、「毎日が気分よく過ごせるようになる」という総論的で抽象的な目標とは別に、こうした限局的で具体的な目標をたえず明確にし、その解決法、対処法を模索することが低頻度設定においては殊更肝要となる。

さらに付け加えると、ここで打ち立てる目標は「ある症状がなくなる」というような、「ない」という否定形の目標ではなく、「〜ができるようになる」という具体的な行為を明確にした形にすべきである。原井（二〇一二）は「行動とは死体にできないこと」と定義づけたが、人がたえず活動する動的な生命体である限り、「ない」に対する志向はどうしてもその営為を抽象論の方へと傾け、具体的なコーピングビヘイビアの獲得から遠ざけることになる。ゆえにここで掲げられる目標は「洗浄強迫を消失させる」、「パニック発作に陥らないようにする」というようなものではなく、「洗浄強迫への衝動を一〇分間我慢できるようになる」、「パニック発作時に自分が落ち着ける手続きについてイメージ学習を通じて練習し、本番時にそれを遂行できるようにする」といった形で設定していくことになる。

そして、こうした目標の設定とその解決法の模索という作業を、可能な限り一回のセッションで成し遂げることができれば理想である。その理由は分離期間の長さから一回のセッションを実りあるものにするためだけではなく、セッション後の一三日間の分離期間に、面接で打ち立てた仮説的な対処行動の効果を「実験」してもらい、翌回のセッションでその結果を報告してもらうためである。そして、その課題がクリアできれば別の新たな具体的目標を立ち上げてその対処法を検討し、クリアできなければ再度事態を検証し、異なる対処法について考えていく。つまり一回一回のセッションを仮説生成と仮説検証の場として機能させていくのである。

ただし、この「実験」において注目すべきことは、その対処行動が「うまくいった／うまくいかなかった」という行動水準の評価ではなく、その対処行動を試みたことで変化した患者の「認識（気づき）」の方である。この試行の結果生じた「認識」の変化こそが翌回のセッションで検証すべき中心的な事案であり、次なる対処行動をつくりだすための素材となる。「行動を変えることは認識を得るための手段」（神田橋、二〇〇〇）として捉えることが肝要となる。

このことを強調しているのは、行動の是非に患者と治療者の注意が偏ることで、患者のなかで治療者や治療の場が協働作業の相手や場ではなく、ただひたすらに「自分にとって適切な行動を処方される場」と化してしまうことを防ぐためである。このような治療関係に陥ると、患者が治療者のマリオネットになるだけでなく、治療者自身も患者のマリオネットになってしまう。というのも、患者は「どうすればよいか」をたえず治療者に問いかけ、この「自分に命令せよ」という「命令」を治療者は患者から常に投げかけられることになるからである。スキナーの言語行動論にある「タクト（状況記述的言語）」と「マンド（要求命令的言語）」の概念を用いるならば、この「マンドがマンドを呼ぶ」事態は相互依存的な事態であり、退行抑制的な治療指針とは真逆の方向を進むことになる。

また、患者の退行を抑制するには、彼らの語りを丁寧に聞く姿勢自体は重要だが、彼らがあれこれ自由に話す、その語り自体をある程度限局させていくような工夫が求められる。言い方を変えると、事を自由連想風に進めるのではなく、「話題を構造化」する必要がある。藤山（一九九七）がいうように、「探索の領域をむやみに拡大することは、患者の隠れた期待、依存、ニードを引きだし、急速な退行へと導く」ことになるからである。先の「目標の明確化」は語られる話題を限局し、なるべくひとつのテーマに焦点化するための人為的手段となっている。

そして、語られる話題を限局するには、セッションの時間をなるべく短く区切ることが望ましいはずである。治療者自身がセラピーを受けると如実にわかるが、「五〇分」という時間配分にはあらかじめ準備していた連想内容が拡充し、「自分で思ってもいなかったことをいつのまにか話している事態」へとユーザーを導いていく作用がはらまれている。精神分析的、探索的なセラピーはそこに治療的意義を見いだすが、低頻度設定における支持的心理療法では、極力自我の取り扱い範囲を超える事態を引き起こさないようにする努力が求められている（いまだつかんでいない、新しい何かを発見しようとする姿勢ではなく、すでにある材料の「組み合わせ」を変えることで、新たな何かを再構築するというリサイクル的な治療デザインが求められる）。ゆえに、私の場合、二週に一回頻度においては話題がむやみに拡散していく可能性の少ない「三〇分」設定を採用することが多い。取り扱う内容を限定することによる退行抑制的な作用は、私たちが歯医者に通院した際に歯に関することについては医師に依存しても、それ以外の多くの事柄を彼らに抱えてもらう気にはならない状況を想像してもらうとよいかもしれない。

ただし、「一カ月に一回」の場合には逆に「六〇分」にすることがある。この頻度になると、二週に一回のような仮説の生成と検証を繰り返す作業も困難となり、その面接は明確にコンサルテーション風の装いとなる。次の一カ月に向けての細かな指針を検討するというよりも、患者の生活状況や人生全般に向けた何らかのアドバイスの構築を目指してセッションを進めていくことになる。だが、そのアドバイスは通り一遍の、単に治療者が知る専門的知識の披露になっては何の意味もなく、ここで提供されるアドバイスとは、患者の何らかの心的なテーマを言葉にし、形づけることで生みだされるアドバイスになっている必要がある（心理臨床の文化では、ややもするとアドバイスの供給が忌避される傾向があるような気がするが、advice とは ad〔〜を〕vise〔見る〕であり、元々は「〜に目を向ける」という意味をもつ単語である）。だが、互いの人生の重なり合いが極度に乏しい「一カ月に一回」ペースの営みにおいては、治療者はその多くの部分を推測や想像に頼りながら、その患者が抱える心的なテーマの輪郭をつかむという、きわめて困難な作業を要請される。そして、その治療者の推測や想像は一カ月に一回という僅かなチャンスのなかで検証されねばならないゆえに、私の場合は六〇分の時間を要することになる（ただし、厳密にはその心的なテーマに「目を向ける」ことはできても、それを「ワークスルー」していくことは困難である。それをしようとするならば高頻度設定を準備する必要があるだろう）。

さて、ここまで述べてきたような理解は、認知行動療法のプロパーにとっては至極当然の配慮として受けとめられるだろう。そもそも私は認知行動療法を優れて自我支持的な心理療法であると考えている。支持的心理療法の施行に認知行動療法的なエッセンスをふくめることは必須であり、病院や学校における心理臨床が多忙の一途を辿り、十分な頻度とセッション時間が確保できない現状のなかで、認知行動療法がトレンドとなる時代の流れはある意味では自然なことだと思われる。

低頻度設定での心理的支援を行ううえで、さらに私が取り入れているスキルのひとつが解決志向的なセラピーである。

＊

私は解決志向的なセラピーもまた優れて自我支持的な心理療法であると考えている。なぜなら、このタイプの心理療法は徹頭徹尾「患者の自助能力（自己治癒力）の活用」を志向しているからである。問題解決の道や対処行動を獲得する糸口は患者のなかにすでにそなわっており、ミルトン・エリクソン、ドゥ・シェイザー、インスー・キム・バーグ、ビル・オハンロンらの探求は（そして、ヒューマンポテンシャル運動には否定的であったジェイ・ヘイリーらもまた）基本的にはこの「患者の自助能力」に向けられていると思われる。

「何故そうなのか」という物事の原因や根源を追跡する治療姿勢は自ずとその心理療法を長期化させる。なぜなら、「原因」にはその「原因」を引き起こすさらなる「原因」があり、遡及的に「何故そうなのか」を反復することになるからである。精神分析的な心理療法はこの実質的には「終わりなき探求」を媒介として治療者とのあいだで培われる「内省活動の自律的発展を目指す協働関係」（平井、二〇一七）の構築をひとつの目標としているが、やはりそれは低頻度設定では困難な仕事である。

それゆえに、原因志向ではなく、解決志向的な姿勢こそが低頻度型の心理療法における要諦となるが、重要なことはその解決や変化の芽はあくまで「患者のなかにある」という視座である。このとき私たちの仕事は「患者がすでにできていること」、「解決に向かって成し遂げている動き」の発掘作業となる。そして、多くの場合、その変化の芽は患者が呈示する問題や症状といった主訴のなかにはらまれている。たとえば「ひきこもり」を主訴とする患者の話を聞いていると、そこには往々にして社会や他者や両親が患者に差し向ける何らかの意向と患者自身の意向との齟齬の歴史が見えてきたりする。このとき「ひきこもり」状態をその齟齬に対する対処行動として捉えるならば、そこに私たちは患者の変化への息吹を感じることになる。そして、その「ひきこもり」状態が外部からの退避行動の意味合いをもつならば、変化への鍵は「物理的にひきこもることなく（日常生活を犠牲にすることなく）、対人関係のなかでうまく心的にひきこもる方法の獲得」となるだろうし、そのひきこもりが抵抗や外部との闘いの所作であるならば、その「闘いのための行動レパートリーの増加」がひとつの目標となるかもしれない。

このようなリフレーミングのさらなる活用法である「Do More（できていることをさらにする）／Do（Something）Different（何か違ったことをしてみる）」も低頻度設定の心理療法における重要なエッセンスになっている。すでにできていることの「輝く側面」（若島、二〇一一）に着目し、さらにその部分に磨きをかけていくと同時に、いままでしてこなかったこと、考えてこなかった側面に着目し、それに実験的にチャレンジする。この二種の方法はいずれもが自分自身と自身の置かれた状況に対する内省的思考を自然に患者のなかに賦活し、そのことはやはり自我支持的な作用を帯びることになる。

これと同じ理屈でミラクルクエスチョン（問題が解決した未来を思いえがく）もまた自我支持的である。人はある状況を生きているときには、厳密にはその状況そのものについて考えることができない。その状況について考えるには、たとえば他者や第三者の視点からふりかえろうとしたり、メタの位置に自身の視点を置くなどして、それとは異なる状況に自らを（自身の視座を）移動させねばならない。私の理解では、ミラクルクエスチョンとは、自分を呑みこんでいる現況から自身を一時的に「外に出す」ための方策であり（「未来」に軸足をずらすことで、「現在」を外から眺める）、これもまたきわめて支持的な要素をもつ技法であるように思われる。

ここまで低頻度設定において望ましいと思われる介入法を支持的心理療法に見定め、認知行動療法や解決志向的なセラピーの要素がその営みに寄与する可能性について示してきた。

＊

無論、設定や頻度に関係なく、その患者のもっとも本質的なこころの部分やその機微にふれていくことこそが肝要だと考え、ここにあげた理解はあまりにコントローラブルなものだと感じる臨床家もいることだろう。あるいは、あまりに設定がもつ影響に囚われており、肝心の患者のこころという「中身」を見逃すことになるのではないかと危惧する方もいるかもしれない。

これらの批判自体はきわめてまっとうなものである。序章にも記したように、原理的には患者のこころや彼らとの営みを治療者が意図的にコントロールすることなどできず、さらには、もし治療者が患者のこころへのまなざしを失ったならば、その設定は中身のない空虚な容器と化してしまうだろう。

だが、同時に思うことは、二週に一回や一カ月に一回という低頻度設定のなかで患者のこころの本質的な部分にふれることなど本当に可能なのだろうかという疑問である。治療者が「ふれたつもり」、「わかったつもり」、「体験したつもり」でいるだけならば、それこそ私は強い欺瞞を感じてしまう。同じく序章でふれたように、精神分析の先達がその著書のなかに描写する患者との濃密なやりとりの在り様は、決まって週四日、五日といった高頻度設定のなかでの交わりを介して醸成されたものであるという事実を私たちはたえず念頭に置いておく必要があるだろう（本書の他の章で展開している思考は、この事実との葛藤や取り組みのなかで生みだしてきたものばかりである）。

とはいえ、低頻度設定においては、こうしたこころの機微にふれていくような精神分析的、力動的心理療法から編みだされた知見が何の役にも立たないかと問われれば、必ずしもそうではないように思われる。特に転移関係についての理解（その治療状況に生起する関係性をつかんでいく介入）はいかなる設定においても役立ち、むしろ不可欠な視点であると私は考えている。フロイト（一九一二）が示唆するように、転移はあらゆる場面で生じる事態であり、たとえば認知行動療法を行ったり、心理教育を施行したり、デイケアで患者とプログラムに取り組んだりしている際にも、たえずそれは生じている。そして、いまここに巻き起こっている転移関係を理解すること、すなわち、いまここにいる「自分」が治療者との関係のなかでどのような「自分」であるのかを見ていこうとする視座が患者のなかに培われることは、それ自体患者の自我の強化に寄与することになる。「私を見る私」の構築は自身の体験にやたらにふりまわされることのない自己を患者のなかに構築することになるからである。

そのことを例証する素材を紹介してみたい。

患者は数年前に性被害を受けた女性であり、華々しいトラウマ症状と解離症状を呈し、激しい自傷を繰り返していた。自傷は解離によるトランス状態からの離脱に寄与していたが、それは外傷体験時に加害者からなされたある暴力行為と酷似していた。

精神医学的治療と共にマネージメントを主としたセラピーを二週に一回、三〇分ペースで提供することになったが、その後も解離は頻発し、自傷やパニック、解離に対する強烈な予期不安が彼女を苦しめていた。

だが、心理教育を通じてトラウマの機序を学び、いかなる生活刺激が解離への引き金になりうるのかを検討することで、様態は徐々に安定の兆しをみせはじめた。基本的には治療は外傷記憶の想起を直接の目的にはせず、過去の記憶は現在の不安定さに由来している（現在が不安定であるために、苦痛に満ちた過去が想起される）といったスタンスで扱い、あくまで現在の生活を安定させるために彼女が可能なことを検討していく方向で進めていった。ただ、ときに過去の外傷が現在に与えている影響についても検討していった。

経過のなかで拒食やアルコールや性的逸脱行為へと傾きそうになることもあったが、そのたびに家族が彼女を献身的に支えた。また、患者は自身を「汚らわしい、生きている価値のない存在」と感じてしばしば抑うつ的になったが、治療者はそれこそが外傷体験によって植えつけられた罪悪感であることを伝え、その苦痛に対処しようとする彼女の力を支持していった。

次第に彼女の様態は向上し、日常生活でもさまざまな活動に精力的に取り組むようになったが、セラピーのなかで彼女は治療者に対してひどく迎合的な姿勢を示すようになった。そこには治療者に対する微妙な恐れも垣間見えた。そこであるセッションで私は彼女の心性をポジティヴな方向にもっていこうとする治療者の姿勢から、「治療者の考えや指示に従わねば最悪の状況に陥る」という不安や恐怖が喚起されている可能性についてふれてみた。すると彼女は激しく泣きじゃくり、治療者の支援に従ってこのまま良くなっていかなければ、外傷体験の呪いから永久に解放されることがないと感じていたことを吐露した。私はそれこそが外傷体験から派生した心性――加害者のいうことを聞かなければ、さらにひどい目に合わされる――である可能性について指摘し、治療者が男性であることへの恐れについて検討を重ねていった。

開始から数年が経つころには、彼女は大幅な減薬に成功し、この数年は大過なく過ごせていることへの自信を抱くようになった。そして、外傷体験によって「突然に終わってしまった」かのように感じられていた自身の人生が、それでも滞りなく続いていることへの安心を口にするようになっていった。

おわりに

私の現在の実践ケースのほとんどは本章にあげたような低頻度設定にもとづく心理療法である。病院や学校では週一回、五〇分を確保できるケースは稀であり（病院の場合は医師の診察〔診療報酬制度〕との兼ね合いもあり）、それ以上の高頻度設定での実践は私的な心理療法の専門機関で行うことを余儀なくされている。

とはいえ、一定の限界はあるにせよ、低頻度設定においてもそれに応じた治療効果をもたらすことは十分に可能である。少なくとも私は日々の臨床のなかでその手応えを感じつつある。しばしば医師の診察が「三分診療」という言葉で揶揄《やゆ》されるが、優れた医師が提供するその「三分」に支えられている患者は決して少なくはない。

本章の論考は読み手によっては、きわめてマニュアル的な印象を拭い去れないかもしれない。

私自身も心理療法における患者のこころの変容やそのプロセスは治療者の意図や目論見に沿ってそう易々と動くものではないと考えている。こころの病の多くは――それがどのような形をとったとしても――その人の人生や命のテーマと大なり小なり結びついている。というよりも、むしろ病とは命の在り様そのものでもある。そして、こころや、人生や、命というものがきわめて自律的で自生的な性状を帯びている限り、それを誰かの意図的な計らいによって統制することなど原理的にいって不可能である。

だが、このような本質的な事実を前提にすることと心理療法の技法的工夫をこしらえていくことは、矛盾するものではない。なぜなら、心理療法における介入法や設定は、まさにこのような自生的なこころに対峙し、それを抱えていくために設《しつら》えられるものだからである。本章で述べた低頻度設定における技法的工夫は、この種のこころの自律性が生みだした「剥き出しの危機」を、いかにして「包みこまれた危機」へと置換することができるかという問いにもとづいている。

「介入法」や「設定」というものが、私たちがその専門性を発揮するためのひとつのツールであるならば、鮨職人が包丁を丹念に研ぐように私たちはその専門的アイテムを磨き続ける必要がある。そのツールがどのような性質を帯び、どのような作用をユーザーにもたらすのかをたえず検証していく必要がある。治療効果に関するエビデンス論はその実例のひとつであるが、私自身はより実践的な方向からこの検証に参加していきたいと考えている。

本章にあげた「設定」にまつわる仮説的理解がさらに批判的に検討され、その発展の一助になれば幸いである。

†註

私は最低一週に一回の頻度が確保できないならば、分析的、探索的な心理療法は困難であることを患者に伝えている。その理由はそれ以下の頻度設定というツールでは、私自身の能力的な問題からこれらの療法に取り組むことができないからであり、実際に患者にもそのように説明している。

第八章　フロイトの転移論をめぐって

精神分析および精神分析的心理療法はとりわけ長い時間をかけて取り組まれる心理的支援である。三年から五年、ときには一〇年にもわたってその営みは続けられていく。一度はじまってしまえば、患者と治療者のふたりは決して少なくはない人生上の時間をこの営みに費やすことになる。

これだけの時間を要するのは、この療法が問題の解決や症状の解消へとリニアに向かっていく営為ではないことに起因している。このセラピーは問題のベースラインと介入の結果を比較し、その効果を発揮しようとするようなアプローチとは明らかに質を異にしている。この営みは問題を解決するどころか、ある意味では問題生成的な性質を帯びている（藤山・松木、二〇一五）。ひとつの問題が解決されても必ず次の問題が去来する――「どれだけ価値ある洞察がなされたとしても、それは直ちに次の新たな抵抗をつくりあげていく」（Ogden, 1989）。このことはおそらくは人のこころや人生というものがそのような性質をそなえているからなのだろう。ある被分析者の前でフロイトは精神分析が単なる治療の手段ではなく、人生全般に関わる営みであることを語ったが（Blanton, 1971）、確かにこの営みは患者の人生を、あるいは患者と治療者のそれぞれの人生を俎上に乗せた営みであるといえるだろう。

そして、精神分析を求める人は多くの場合にまさにその人生にこそ行き詰まっている。生きていくことそのものに行き詰まっている。それゆえに、この種の営みがどこかの地点で行き詰まり、その方向性を見失う場合があることは半ば自明のことのように私には思える。

そもそも精神分析それ自体が幾多の行き詰まりと共に発展してきた治療文化であった。あるヒステリー患者との除反応を目的とした催眠療法のなかで、フロイトは患者の連想の停滞に苦慮し、その後、夢分析を軸としたひとりの少女との分析では突然の中断に見舞われた。このことは彼に抵抗と転移の抜き差しならない作用を知らしめることになった。

また、ウルフマンと呼ばれたロシア系男性との分析では、改善の兆しが見えては悪化を繰り返す患者の様相に直面し、後に過酷な超自我と患者の無意識的罪悪感に根ざした陰性治療反応に対する考究へと彼を向かわせた。さらに世界大戦を経て、彼は戦争帰還兵に刻印づけられた死の感覚に遭遇した。そこから変化のない反復強迫に彩られた患者のこころとその根底に蠢《うごめ》く死の欲動を着想するに至った。そして、晩年には自身の理論的核心であるエディプスコンプレックスこそが――男性にとっての受動的構えと女性にとってのペニス羨望こそが――容易には超え難い人間存在の基底に立ちはだかる「岩盤」であることを示し、彼は自らの精神分析の限界を仄めかすことになった。

私が精神分析に自身の臨床的指針をおくのは、この営みが患者に何らかの有効性を確実にもたらすという信念からではない。そうではなく、この営みが生きることにまつわる苦難を真摯に見つめ、その苦難に寄り添う営みが決してスマートなものにはなりえないことに相当に自覚的になっているように思えるからである。私の理解では、精神分析や精神分析的心理療法とは患者の人生の行き詰まりを十分に展開し、そのうえで彼らの苦難を共に生き抜いていく可能性を秘めたひとつの「場」である。先達の治療機序にまつわるさまざまな考えは、こうした苦難とセットになっていることを前提にしておく必要があるだろう。

フロイトが呈示した臨床理論は私にとってはどれも魅力的である。それは彼の理論がどれも緻密で学び多きものでありながらも、同時に私のような後進も再検討する余地を残してくれているからである。彼がたえず誰かとの理論的対話を想定しながら物を書き、対話的に事を考えていたのは有名なエピソードだが、彼はその対話の余地を後の臨床家にも残してきた。だからこそ、精神分析理論はその後も発展し、尚も新たに刷新され続けている。

そして、フロイトの理論のなかで私がもっとも魅力を感じるのは、やはり「転移」である。そこで本章では彼の転移論を私なりに読みなおしてみようと思う。とはいえ、ここに記す私の考えが理論的整合性をもちうるのかどうかについてはあまり自信がない。それよりも本章での私の目論みは、それぞれの読者がフロイトをパーソナルに読むことの面白さを体感してもらうことにある。フロイトを「自分」なりに読みなおし、格闘し、自身の臨床体験と照合していくという営為に何か生産的なものがはらまれる可能性があるはずだ、という仮説こそが本章を執筆する強い動機となっている。

主知主義と体験主義の狭間で

先にも記したようにフロイトの分析家人生は行き詰まりの連続であった（Breger, 2000）。ただ、これはある意味では当然のことである。精神分析の創始者であるフロイトは現在の私たちのように他の分析的先駆者の言葉をあてにすることができなかった。何もかもが手探りであり、患者との営みのなかで自身の理解を超える事態に遭遇しては立ち止まり、自身の考えを改訂してはふたたび事に臨んでいくことの繰り返しであった。こうした挑戦が過ちと行き詰まりに満ちた道程となることはほとんど必然であると思われる。だが、その困難を超えるたびに彼は自身の分析理論とその実践を着実に進展させていった。私にとって彼の著書を読むことは、こうした「臨床家としてのフロイト」との出会いを意味している。

フロイトが最初に取り組んだのはヒステリー患者の不幸であった（Freud, S., Breuer, 1895）。先にもふれたように、当初の彼は催眠とカタルシス法をもとに患者の外傷的な記憶と連結した情動を解放する「除反応」にその治療機序を求めていた。だが、ヒステリー患者の症状が単に心的外傷の問題だけではないことに気づき、そこから夢理論、性理論、局所論を打ち立てていくなかで、彼は患者の無意識の複雑さとその理解こそが治療の根幹となることを確信するようになった。こうして人のこころの内奥に広がる無意識の領域に知の光を照射し、立ちはだかる抵抗を克服し、それをマスターしていくことが彼のスタンダードな治療観として確立されていった。それはある意味では主知主義的なフロイトの誕生を意味していた。

彼の論述スタイルをみると、こうした主知主義的な姿勢は生涯ほとんど変わらなかったように感じられる。そして、このような治療姿勢はフェレンツィをはじめとした、より体験的な側面を重視する分析家たちによって批判的に検討されることになった。

ただ、フロイトの論考をつぶさに読むと、一方で彼が臨床状況における「体験」に重きをおいた臨床家でもあったことが窺い知れてくる。私の印象では、その一端を表しているのが彼の転移論である。

一九一七年のグロデック宛の手紙のなかで、分析家の基本的な仕事を「転移と抵抗の認識にある」と記したように、フロイトはこの転移こそを分析の要となる現象であると考えていた。だが、それはたとえば「患者が自身の母親のように治療者を見ている」といったシンプルな記述的理解とは異なっていた。彼の転移論の変遷を追っていくと、彼が転移を新たな可能性に満ちた、きわめて「体験的な事態」として捉えていたことが理解されてくる。以下にその変遷を追ってみることにしたい。

転移現象そのものについては一八九五年の『ヒステリー研究』においてすでにその片鱗がつかまれていた。だが、彼がこの現象の決定的な重要性を悟ったのは症例ドラとの分析体験であった。そのあとがきにて彼は転移を以下のように記している。

> 転移とは……分析の進行と共に立ち現れ、意識化されるべき興奮や空想の再版にして模写でもある。この特殊な事態においては、医師の存在が以前の人物の代替となる。過去の一連の心的体験のすべてが過ぎ去ったものとしてではなく、

医師という人物との**現下の関係**において再生されるのである（Freud, S., 1905）（太字は筆者による）。

ここには患者の行為や連想を無意識のテクストとして扱い、分析家がそれを「外側」から解読するような、ある意味では他人事的な事態とは異なる考えが示されている。転移は患者の心的世界に治療者を否応なしに引き入れ、その登場人物のひとりにさせ、圧倒的に直接的な体験を患者と治療者の双方に喚起するものとして理解されている。そして、このような理解のスタンスこそが現代の「いま、ここ」に対する介入やエナクトメント論に通じていることは周知のとおりである。

未飽和な対象関係

私がさらに興味深く感じるのは、一九一二年の『転移の力動』論文である。この論考のなかでフロイトは転移を単なる妨害物ではなく、その分析こそが重要な治療機序になることを主張した。

ここで少し唐突だが、私が常日頃体験している精神分析的なオリエンテーションにもとづいた事例検討会について考えてみたい。そのなかでしばしば私が経験するのは、患者が母親の支配的な在り様についてどこかの地点で語り（多くはアセスメント段階や初期過程のなかで）、そのうちにいつしか治療者も気づかぬうちにふたりの関係のあいだに支配－被支配に満ちた関係性が兆し、治療者がその事態にいち早く気づいたり、あるいは事例検討会のなかでフロアからそのような理解を伝えられたりする、といった流れである。そして、多くの場合にこのような治療者の介入が「転移の解釈」として理解されている節がある。

だが、一九一二年の時点でフロイトが語っている転移は、このような、「言っていたこと」をいつのまにか「やってしまっている」というような話とは微妙に質を違えている。

人は誰しも生来の素質と幼少期に負わされたさまざまな影響との交互作用によって性愛生活を営むその人自身のやり方を獲得していく……こうしていわばひとつの印刷原版がつくりだされ……外的な事情と手が届く愛情生活の性質とが許す限り、それはその人の人生においてたえず繰り返され、新たに刷新されていく。さて、私たちの観察によれば、性愛生活の成り行きを規定するこのような衝動のうち、十分な心的発達を遂げているのはほんの一握りにすぎない。その部分は現実へと方向づけられ、意識的な人格の支配下にあり、その一部を形作っている。一方、このリビドー的衝動のその他の部分は発達の進行を食い止められている。つまり、意識的部分からも現実からも隔てられ……完全に無意識のなかに取り残されるために、その人格の意識的部分には知られぬままとなる……この**満たされていない**リビドー備給、期待のうちに準備されていた備給が医師という人物にも向けられるのは、まったく正常で理に適ったことのように私には思える（Freud, S., 1912）（太字は筆者による）。

ここで彼が問題にしているのは「満たされていない」という部分である。

過去の愛情生活のなかで意識化され、発達を遂げている対人関係パターンはごく一部であり、私たちはその一部をやりくりして日々の対人関係を営んでいる。大半の関係パターンは発達の機会を失ったまま無意識に留められ、それこそがいつしか転移として姿を現す。

フロイトが語る「転移を介して生起する関係」とは「これまでの人生にて十分に体験されてこなかった関係性」である。リビドーが備給されず、「意識的部分からも現実からも隔てられ」、それゆえに心的に輪郭づけられず、十分に生きられることのなかった対象関係である。かつて確かにこころに刻みこまれながら、その後、出会うことも、ふれることもできなくなった対象関係である。

そして、だからこそ転移は「自由連想の停滞」の果てに表面化する（Freud, S., 1912, 1914）。いまだ語りえず、意識化しえず、明瞭なコンテンツをもちえないゆえに連想は途絶し、事態は転移によって色づけられる。それは上述したような「患者がすでにある程度意識化している他者との関係性」が治療者とのあいだで反復される事態とは微妙に異なっている。おそらくそのような事態は患者の「投影」の産物であり、フロイトのいう転移とは異なっている。転移がもたらすものはいまだ中身が明確にされていない、未知の可能性に開かれた対象関係である。それはビオンのいう「未飽和な考え」であり、彼に倣って表現するならば、それは「未飽和な対象関係」である（ちなみに、フロイトの頭にはこの一九一二年の時点ですでに「内的対象」と近似の理論モデルが存在していたことがその註釈からうかがわれる。その註釈にて彼はこころのなかには元から「小さな神々（ダイモーン）」（素質）が棲んでおり、それがテュケー（境遇、偶然、運などの意）と相互作用を起こすことで愛情生活の「印刷原板」がつくりだされるといった記述を残している）。

このように考えたとき、私たちは転移を解釈するための素材を、いまだ言葉になりきれない（意識化されたことのない）患者の体験世界のなかに見いだすしかない。先の事例検討会場面に則するならば、その報告者がプログレスノートに記述して**いない**何かからそれをつかみだすしかない。そして、このような作業は（言語記述にもとづく）論理的な思考を超えることになる。転移の理解はその患者の連想内容から（証拠をかき集めるようにして）論理的に構成されるものではなく、その性質上どうしても直観的な理解に頼ることを余儀なくされる。「体験そのもの」と「語られた体験」は異なり、精神分析がターゲットとするのは前者である。「言語化しえないもの」を「言語的に理解する」という、考えてみれば相当に理不尽な、ある意味では不可能な可能性のなかにこそ精神分析は息づいている。

自由連想がうまくいかないときに、患者がたったいま医師やその医師に関する何らかの事柄に囚われていることを指摘すれば必ず停滞は解消される……連想できない状況から、連想を言わずに沈黙している状況へと事態が変質することになるからである（Freud, S., 1912)。

この不可能な可能性を取り扱い可能なものにするためにフロイトが採用した技法は、「自由連想ができない」事態を、「医師との関係に囚われている」事態へとその認識を変形させる介入である。彼はこの局面で状況の意味づけを変えている。このフロイト流の転移解釈によって、いまここに生じている沈黙は自由連想の失敗ではなく、患者と治療者のあいだに生まれつつある新たな関係について感じ入るための沈黙として捉えなおされる。そこには語りえず、まだ内容をもちえない、新たな関係を展開させていくためのある種の余地や、空白や、容器が醸成されている。

彼にとって転移はひとつの「場（playground)」（Freud, S., 1914）であった。それは症状や問題を機に、すなわち既存の在り方や生き方では立ち行かなくなったことを機に、これまでは生きられなかった対象関係にリビドーが吹きこまれ、心的な生の可能性を帯びはじめた新しい関係を展開していくための「場」であった。そして、このような考えは『治療の開始について』（一九一三）のなかの以下のような提言と結びついていく。

患者が伝えようとする事柄や考えが途切れることなく続く限りは、まだ転移の主題にふれずに、そのままにしておかねばならない。転移が抵抗になるまで待たなければならない……十分に効果的な転移が患者のなかに確立するまでは、すなわち患者とのあいだに適切な調和的関係が築かれるまでは、私たちは待たなければならないのである……このとき分析家は患者に時間を与えること以外は何もする必要はない（Freud, S., 1913)。

ここには生々しい生きた体験を尊重しようとするフロイトの姿が示されている。無意識を理解し、転移を解釈しようとする前に、まず私たちが取り組むべきことは転移を十分に体験できるようになるまで――連想が途切れ、戸惑いと、緊張と、未知への不安を抱きながらも、（そして、それが陽性のものにせよ、陰性のものにせよ）生きた沈黙が去来するまで――ただひたすらに待つことである。患者が治療者との関係性を媒介にして自身のこころを展開させようとするまで、そして、患者の無意識と私たちの無意識とが「調和的関係」を結ぶまで、私たちは待たなければならない。このような観点からすると、患者の自由連想と治療者がそれに耳を傾けることの意義は、何らかの無意識的な心的内容物の運搬ということ以上に、患者と治療者の波長を合わせ、「調和的関係」を結んでいくためのある種のチューニング機能にあると考えることもできるだろう。

いずれにせよ、私たちはこのプロセスを経て、「患者の意識から逃れたリビドーを探し求め……無意識の領域へと突き進んでいく」(Freud, S., 1912)。ここでいう無意識とは時間的に秩序づけられていない無時間性の領域である(Freud, S., 1915)。転移によって形づけられた（しかし、かつてすでにこころに刻みつけられていた）未飽和な対象関係は、その個人の人生の時間軸のなかにいまだ収まる場所をもちえていない。もし、この対象関係を人生史のなかに位置づけることができれば、リビドーは時間性を取り戻し、これまで生きられなかった対象関係に命が宿り、「過去と現在が収束していく」(Ogden, 1992) ことになる。そして、このことは私たちのなかに「歴史性」(Ogden, 1986) の感覚を付与することに貢献している。

時間的側面からみた転移解釈

このような視点にもとづくと、対象関係の在り様に着目した転移解釈の意義とは、いまここに顕在化しはじめた未飽和な対象関係を、その個人の人生史のなかに位置づけなおそうとする試みとして捉えることができるように思われる。それは「転移解釈の時間的作用」といえるものである。

ロス（二〇〇一）は転移解釈を、①現在の出来事と患者の過去の出来事（生育史）を結びつける解釈、②患者のセッション外の出来事と分析状況に生起している患者の無意識的空想とを結びつける解釈、③患者の分析的セッションでの在り方やその使用法にまつわる解釈、④治療者の逆転移をもふくみこんだエナクトメントに対する解釈、という四つの水準に分類しているが、私はこのすべての水準に「こころの時間的側面」への作用があると考えている。ただし、いわゆる「いまここ」に生起している事態と過去とを結びつける再構成の解釈（「あなたは〜歳までお母さんを無制限に独占できる唯一の存在だと自分のことを思っていたけれども、もうひとり赤ちゃんができて深い失望を味わった……」〔Freud, S., 1937〕）と、この「転移解釈の時間的作用」とは質を異にしている。というよりも、わざわざその解釈を「再構成」的な形にせずとも、転移解釈にはそれ自体再構成的な作用がふくみこまれていると思われる。なぜなら、転移解釈はそれ自体「いまここ」に生みだされた事態を「過去化」する作用を有しているからである。

フロイト（一九一二）が述べるように、治療者の解釈は患者のこころを快原理が支配する一次過程から、現実原理にもとづく二次過程へと動かしていく。一次過程とは時制にもとづいて体験を組織化しえないこころを意味し、そこでは過去の体験や対象関係はまさに「いま、ここ」にあるものとして体験される。その世界では体験の時間軸は反復的、循環的なものとなり、ビオン（一九六七）がいうように「不思議の国のアリスのマッドハッターのように、いつも四時を生き続け、いつまでも終わらぬお茶会を開催し続ける」ようなものとなる。

一方、二次過程にて機能するこころにおいては、時間はリニアな形で連続し、過去があり、現在があり、未来があり、体験には区切りがあることを知る。そして、この体験の分節化により、現在が過去の蓄積の結果であり、現在が未来の礎となり、はじめられたものはいつか終えられ、得ていたものはいつか失われ、生まれ出たものはいつか死にゆくことを知る。

転移解釈は反復的で循環的な患者の心的な時間軸を、はじまりと終わりのあるリニアな時間軸へと変形させる。そして、この営為は——つまりは「いま、ここ」に生まれ出た（未飽和だった）対象関係を時間的秩序に則した思考へと変形することは——同時にその「体験」自体はもはやそこには「ない」ことを知る営みでもある。ときに患者はひたすらに迫害的だった母親とのあいだに僅かに芽吹いていた絆の感覚を、治療者との転移関係のなかではじめて体験する。そして、それが解釈されたとき、患者はその絆の感覚を実感すると同時に、迫害的だった母親も、そこに服従するしかなかった幼い自分も、それでも彼女に狂おしく向けていた絆の感覚も、それそのものとしてはすでにここには「ない」ことを知る。それは過去へと収納され、結果として物切れで断片的だった患者の人生史は澱みの少ない滑らかな流れをもつ人生史へと変化していく。その意味で、転移解釈とは「不在」（松木、二〇一一）についての解釈でもある。

思うに、一つひとつの転移解釈には体験に対する喪の作業の要素がふくみこまれている。こころという土壌に埋もれていた（リビドーが満たされていなかった）、未飽和な対象関係は、転移解釈によってふたたびこころの土壌へと埋葬される。私は転移解釈を呈示する際には、こうした喪の感覚をこころに懐くことが重要だと感じている。ようやく輪郭づけられ、生まれることを許された体験は、しかしながらもはやそこにはない。私たちがこうしたある種の逆説に根ざした悲しみを患者と共に味わうことが大切だと私は感じている。

なぜなら、その「不在」もしくは「空」になったこころの部分こそ、これから出会う新たな体験と新たな対象関係が息づくスペースとなるからである。

おわりに――反復強迫について

患者の反復強迫を抑制し、想起するための動機に変えていく主な方法は転移の扱いのなかにある。私たちはその強迫に限られた領域でのみ自己主張する権利を与えることによって、それを無害な、むしろ有益なものへと変える。私たちは転移を反復強迫のためのひとつの遊び場として許す。その遊び場では、反復強迫がほとんど完全な自由をもって展開することが許され、患者のこころに隠れていた病因的欲動の道筋のなかで私たちにすべてを提示することになるのである。そして、患者が分析の必要条件を尊重するだけの従順さを示してくれさえすれば、私たちは必ず病気の症状のすべてに新たな転移的意味を与え、患者の通常の神経症を治療的な仕事によって治癒可能な「転移神経症」に置き換えることに成功する。このようにして転移は病気と現実生活のあいだの中間領域を創造し、そこを通じてその両者は互いに移行し合うのである（Freud. S., 1914）。

この『想起すること、反復すること、ワークスルーすること』に記された理解こそが、おそらくは現代にも通じる精神分析の基底に流れる治療機序論となっている。

そして、ここに記された理解はあくまで快原理に則した理解である。反復強迫という病理的心性もまた人のヘルシーなこころや成長のための素材として捉えられ、一九〇五年の『魂の治療』のなかで、治癒の要因が治療者側の技術以上に患者側の「明るい期待」にあることを説いたように、ここには「人は必ず進展していくものである」という人に対するフロイト流の希望の感覚がこめられている。

だが、一九二〇年の『快原理の彼岸』において注目された「反復強迫」は、このような「いつか転移へと置き換えられ、思考へと変形されていく」事態とは一線を画した形で記されている。

第一次世界大戦の影響を受けた戦争神経症（外傷神経症）の出現はフロイトのこれまでの歩みに大きな影を落とすことになった。戦争帰還兵を圧倒する心的外傷との遭遇によって、これまで前提としていた幼児性欲論に依拠する発達観や願望充足にもとづく夢理論は明確に改訂される必要性が出てきた。彼らとの臨床においてフロイトが直面したのは終わりなき外傷状況の反復と再演であり、ひたすらに苦痛に満ちた心的状況を――たとえば外傷夢を通じて――再現し続ける患者の様態は、彼の既存の理論では説明し難い事象であった。このことは彼のこれまでの理論を「快原理」という形で相対化させ、さらに異なる原理の構築を迫った。それが『快原理の彼岸』に記された反復強迫とその基底に蠢く死の欲動に彩られた「涅槃《ねはん》原理」である。

これまでのフロイトにとって、人の生やこころは生体内部に生じた興奮と緊張の総体によって規定されるものであった。欲動に対する自我や現実原理による対立（自我や現実原理にそぐわない欲動の成就を延期したり、抑圧したりすることで生じる対立）によって生起した緊張の増加が不快を喚起し、その緩和と満足が快を生みだす。こうした緊張と緩和の振動こそが「快原理」であり、それはたえず主体を揺さぶり、だからこそ私たちが「生きている」ことの証となるものであった。

だが、『快原理の彼岸』では、この「快原理」を凌ぐ事態として、快をもたらす可能性のまったくない過去の体験を執拗に繰り返し、進展の兆しがまったくみえない「反復強迫」が俎上に乗せられていく。それは外的な刺激を緩和する刺激保護の皮層を突破し、その有機体全体に大きな攪乱をもたらした外傷性の刺激を心的に拘束するための動きであり、フロイトはそれを快の追及や不快の回避よりもさらに根源的なこころの動きとして捉えていった。

そして、彼は人間に潜在する反復強迫的な性状から欲動の守旧性へと視点を移し、「欲動とは生命のある有機体に内在する強迫であり、早期の状態を反復しようとするもの」であり、「すべての生命の目標は死」であり、「生命のないものが生命のあるもの以前に存在していた」という仮説を呈示していく。こうして彼は反復強迫の背後に「死の欲動」を見据えていくことになる。

本章で私は転移とは人が自身の人生史を形作り、未来への志向をつくりだしていくための道標になる現象であることを示してきた。

だが、一九二〇年にフロイトがえがきだした反復強迫はこのような理解とは真逆の性質をもつ現象である。同じような状況が同じように繰り返され、何の変化の兆しもなく、新たな展望も生まれない。この種の静止と不変が蔓延る状況は人の生のなかにそなわる死であり、それは確実に人の生を、あるいは心理療法という営みを、行き詰まらせる要素となりうるものである。

転移と転移解釈という精神分析の要となる要素は、この根源的な行き詰まりにどのように対峙していくのだろうか。この問いへの取り組みこそがフロイト以降の精神分析家たちの仕事であり、現代を生きる私たちもまた考えていかねばならない大きな課題である。

第九章　心理療法が有効にはたらく場

ロジャースやセリグマンらが提起した心理療法の有効性をめぐる知見は、近年エビデンス論として体系化され、さまざまな方向から検証されることになった。

こうしたエビデンス研究がユーザーや社会に私たちの仕事をインフォームドしていくうえで重要な役割を担っていることは間違いないだろう。どのような介入法がどのような問題に対してどれだけの効果を発揮するのかという疑義についての統計学的な検証は、この営みを社会に位置づけるための確かな道筋をつくりだしている。

その一方で、こうした外枠的な比較試験だけではなく、それぞれの心理療法が有効にはたらくそのメカニズムについての研究も依然として重要な役割を担っている。本書は特に精神分析的、力動的な心理療法を素材として、その治療機序を形づけようとしたものであり、本章ではその総論的理解を呈示してみようと思う。

とはいえ、この章の題名を「精神分析的心理療法が有効にはたらく場」ではなく、あえて「心理療法」という大カテゴリーを示す用語にしたのは、この探求を突き詰めると、最終的にはあらゆる心理療法に通底する「治療原理」へと接近することになると思えるからである。各々の介入法や理論それ自体は各々の先達があくまで患者との関わりのなかでこしらえてきたものであり、すべてが「患者との心的な営み」からはじまっている限り、その探求は結局のところその「はじまり」の地点へと還元されていくように思えるからである。それぞれの学派の見解はその種の原理的な地点に至るための内的準拠枠として機能しているのだと私は考えている。

そして、議論に入る前にもうひとつ言及しておきたいことは、このテーマを考えるうえで、ここではあくまで治療者側の在り方に焦点を当てているということである。このことをわざわざことわっているのは、この営みのなかに患者と治療者というふたりの人間がいる限り、そこで生じることがそのふたりの相互作用の結果であるのは当然であり、その治療機序には確実に患者側の在り方も関与してくるからである。

ただ、心理療法内での関係性には、患者と治療者のあいだにある種の「非対称性」も横たわっている。精神分析を例にあげると、藤山（二〇一七）がいうように、この営みをより精神分析らしくしていく責任は治療者側にあり、患者は必ずしもその責任を負っているわけではない。患者はときに自由連想を行わず、カウチに横臥せず、セッションに姿を現さないこともある。しかし、治療者の方はあくまで精神分析的な治療姿勢を維持することが求められている。こうした「責任」をめぐる非対称性を鑑みても、やはりここでは治療者側の在り方から議論を進めていくことが妥当であると思われる。とはいえ、無論、最終的にはこの議論は患者と治療者の両者を巻きこむ形へと収束することになるはずである。

このような理解を前提として、これから私は、心理療法、とりわけ精神分析的、力動的心理療法の治療機序にまつわる考究を進めていこうと思う。この営みはどのような形でその有効性を発揮し、それはどのようなプロセスにおいて生起するものなのだろうか。

これまでの章で蓄積してきた理解を参照しながら、この問いを探求していくことにしたい。

行き詰まりと治療機序について

まず前提として考慮しておきたいことは、精神分析的な心理療法にせよ、それ以外の心理療法にせよ、たとえその営みに参加したとしても、必ずしもその有効性が発揮されるわけではないという当然の事実である。心理療法を行えば必ずそれをはじめた人間に何らかの生産的な変化が起こるわけではなく、この世には「有効性を発揮しえた心理療法」と「そうではない心理療法」の二種が確実に存在している。

さらにいえば、特に精神分析的な心理療法の場合、たとえそれが最終的には患者に実りある成果をもたらしたとしても、その中途には必ず「その営みが目に見える形の有効性を発揮したとき」と「そうではないとき」の二種の現象が生起している。この営みは決してリニアに進展するものではなく、前進や後退や停滞を何度も繰り返しながら事が進んでいく仕組みになっているゆえである。

こうした「有効性」という観点から考えると、精神分析もしくは精神分析的心理療法はそもそもからして逆説的な性状を帯びた営為であることに気づかされる。というのも、この種のセラピーは、(たとえば行動療法や認知行動療法のように) その有効性を具体的に目に見える形にして事を進めていこうとする努力をあらかじめ放棄しているようにみえるからである。

無論、分析的臨床家たちも、患者が何らかの形で生産的な方向へと変化していくことを期待して彼らとの心理療法に漕ぎ出そうとする。そして、この決断にはこの営みが何らかの有効性を発揮するはずだという信頼の感覚が確かに内包されている。

だが、いざその方法論に目をやると、この種のセラピーはそうした期待を直接的に満たすようにはできていないことがわかる。患者が何かを体験し、連想し、治療者はそれを受けとり、思考し、解釈する。精神分析的な営みが基本的な方法論として準備しているのはこれだけであり、彼らを保障したり、勇気づけたり、安心させたり、事態の解決法を模索したり、専門的なアドバイスを呈示したりすることなく、明示的には治療者のはたらきかけは解釈のみに絞られている。この営みは明らかに直接的、能動的な変化を目論めるようにはできていないのである。そして、その理由はこの営みが「無意識の変化」をターゲットとしているからである。

定義上、無意識は私たちの意図や計らいを超えた形で存在している。そのため、無意識の変容は必然的に私たちの意図や計らいを超えた形で引き起こされることになる（「分析の仕事は……古代建造物の考古学者による発掘作業にかなり似ている……ただ……心的対象が発掘される作業はそれとは比べものにならないほど複雑であり、その微妙な構造が未だに不可思議なことを多くふくんでいるために、発見を予期しているものについての私たちの知識は不十分である」（Freud, S., 1937）。精神分析的な心理療法においては、治療者は患者の変化の道程をあらかじめ手中に収めておくことはできず、たとえば行動療法や認知行動療法のような、治療者が何らかの変化のための方法や望ましい到達点を知っており、患者はそれを学びながら自助能力を発揮していくような治療モデルとは完全に質を異にしている。もちろん、ときに治療者が「何かを知っているはずの主体」として患者に想定されることもあるにはあるだろう。だが、そのような想定はあくまで転移の一部として理解され、結局は解釈のための一素材へと変換されていく。この営みを継続することで患者が何を知り、何が起こり、何が変わるのかを、治療者もまたほとんど何もわかってはいないというのが実際のところであると私は思う。

分析的なセラピーにおいては、変化の契機は私たちが意図的に引き起こすものではなく、それはどこからともなく唐突に去来する。さらにいえば、その契機自体は患者や治療者の「内側」から生みだされるものですらないような気が私にはしている。それはそれぞれの個人の「外側」から突然に飛来し、患者と治療者の双方に攪乱と、衝撃と、新鮮な驚きをもたらし、その後に満ち足りた深い納得の感覚を味わわせることになる。そして、この決定的な体験の後に、いつのまにか本質的な変化を被った患者と治療者がそこにいる。この営みの変化のプロセスを記述するならば、このような事態としてえがきだせるのではなかろうか。そして、フロイトはこうした事態を享受するのにもっともふさわしい方法として、患者をカウチに寝かせ、自由連想を促し、治療者はそれを解釈するという、この「催眠法の名残り」（Freud, S., 1913）である独特のシチュエーションを直観的に採用してきたのではなかろうか。

とはいえ、先述したように、こうした変化はいつでも生じるわけではない。伝統的に精神分析では「解釈」こそが変化の契機をつくりだすと考えてきたが、それが常に有効にはたらくとは限らない。解釈が劇的な変化の瞬間を生みだしたかのようにみえる局面があることは確かな事実である。だが、そうした瞬間は実際には稀であり、プロセス全体を俯瞰すれば、むしろ「目に見える変化がないにもかかわらず、解釈が呈示され続ける」という期間の方が圧倒的に長い。そして、いつまでも何の変化もなく、同じことが同じように繰り返され、事態が制止し、常同的なものとなったとき、治療者は行き詰まりの感覚を覚えることになる。それは不毛で、反復的で、心的に死んでいる事態であり、それはときに患者の人生上の行き詰まりと呼応する。

一方、行動療法や認知行動療法、解決志向的なセラピーは、こうした人間の不毛や死の感覚を最初から生産的な方向へと変形させていく仕掛けに溢れているようにみえる。だが精神分析的な営みはこれらの事柄をほとんどそのままに引き受けていく。というよりも、むしろこの営みはこうした人間の反復強迫的な苦難が展開しやすい性質をあらかじめ内在させている印象さえある。

このような印象はこのタイプのセラピーが基本的には同じ時間に、同じ場所で、自由連想と解釈という同じような交流様式のなかで延々と営まれていくことに起因している。その内部ではさまざまなドラマが展開し、さまざまな情動が蠢《うごめ》いているのは間違いないだろう。だが、実行動としては来る日も来る日も患者が連想し、治療者はそれを解釈し続けるのみである。この営みはそれほど毎回意義深いことが起こるわけでもなく、ウィニコットが臨床状況における退屈さや不毛感について言及し、わざわざ治療者が「目覚めていること（Winnicott, 1954）」の意義を説いたのは、とても実直な見解であると感じられる。

また、この種の心理療法が問題の解決を直接に目指すわけではないのは無論のこと、最初から何らかの明確なゴールを定めていないことも、こうした永続的で反復的な性状に拍車をかけていると思われる。基本的に変化というものは、ある状態から別のある状態への移行を意味しており、そこには当初の状態のひとまずの「終わり」や「区切り」が想定されている。おそらく行動療法や認知行動療法はこうしたある種の句読点を積極的に規定することで変化の感覚をつくりだし、患者の自助能力を賦活するような狙いもこめられているのではなかろうか。

だが、精神分析的な営みは原理的には終わりなき営みとなっている。なぜなら「無意識の意識化」というとき、その無意識自体に終わりがないからである。この営みに参加した患者と治療者はそもそもからして「終わりなきもの」を相手にしており、こうした事情を鑑みても、やはりこの営みは最初から永続的で反復的な事態へと陥りやすい性質をそなえているようにみえる。そして、フロイト（一九二〇）が「同一物の永劫回帰」に死の欲動の面影をみたように、そこには否応なしにある種の死の感覚が兆すことになる。

私の理解では、精神分析には人のなかの不毛性、反復強迫性、心的な死の感覚が展開されやすい仕組みがあらかじめセットアップされている。つまり、この営みは人のもっとも本質的な苦難が受肉しやすい性質を最初からそなえているのだと思われる。

と同時に、この営みにはこうした苦難を生産的な方向へと動かしていく要素もあらかじめその内部に組みこまれているはずである。変化の手づるを治療者が持ち合わせていないとすれば、それはこのセラピーのシステム自体に内包されていると考えざるをえないからである。

では、その要素とはいかなる要素なのだろうか。

解釈の作用について

先述したように、精神分析は伝統的にその治療的な意義を治療者の「解釈」に求めてきた。

もちろん、その歴史的変遷のなかで、たとえば米国関係論学派のように患者と治療者のパーソナルで人間的な関係の在り様に変化の機序を見据える見解やウィニコットのホールディング論、あるいはビオンのように解釈を構築していくそのプロセスにこそ治療機序の本質をみるアイデアも提出されてきたが、いずれにせよこれらの見解は「解釈すること」との対比のなかで練り上げられてきたものであり、精神分析的な臨床を特徴づけるのはやはり「解釈」ということになるはずである。

そして、この「解釈」については、これまでにさまざまな見解が呈示されてきた（Strachey, 1934, Gill, 1954, Meninger, 1958, Greenson, 1967, Sandler, 1992, Grey, 1994）。その文献は膨大なため、ここではそれを網羅的に把握することは避けるが、なかでも私がもっとも解釈の作用を端的かつ本質的に抽出していると感じるのが、我が国の精神分析家である松木（二〇一二）の見解である。彼は「解釈の目標」と題して以下の四点をあげている。

①解釈という私たちの言語的介入によって言葉として提供された概念が、アナライザンドの中に無意識に抱かれていた感情や思考とつがい、現実化される。こうしてアナライザンドの中で初めてそれらの感情や思考がいきいきと実感され、かつ意識的にみずから認識でき、扱えるものとなって思考されることで、こころに変化が生じる。

②解釈は、アナライザンドの無意識的空想（無意識に置かれている心的現実）の一部を切り取って言葉で提示することによって、その空想部分を彼／彼女の意識に浮かび上がらせる。その思考化された空想（認識された心的事実）が、アナ

ライザンドの既成の思考体系を揺さぶり流動化させ、その後再構築的に新たに思考体系に組みこまれるとき、こころの変化を引き起こす。

③解釈は、快－苦痛原則に沿う一次過程に基づく連結によって不適切な思考体系や感情発生が生じている、いわば短絡的に凝塊化しているこころの状態を解きほぐし、現実に則した意味を有する思考を提供して現実原則に則った思考配列に整え直すことで、こころの変化を引き起こす。

④アナライザンドの無意識の中に漠然としたままに置かれている心的諸事実を、解釈の言葉が意識のもとに連結させ、新たな意味を得た事実として表現する。その事実の認識がこころのパラダイムを変換させる。

ここで注意しておきたいことは、ここに記されていることはあくまで解釈の「作用」であり、患者のこころの変化の到達点を表したものではないということである。ここに記されていることは（文尾が「こころの変化を引き起こす」という言葉で締めくくられているように）厳密には「こころの変化」が引き起こされるために必要な心的機能の変化であり、患者が獲得していくものは何らかの「望ましいこころの状態」というよりも、そこに至るためのある種の「手段」として捉えられている。

いずれにせよ、精神分析的な治療者は大なり小なりこれらの目標を目指して解釈を呈示していくことになる。しかし、繰り返しになるが、このような作用がいつでもはたらくならば、この営みはそれほど長い年月をかけることなく終えられるはずである。実際のところは、劇的な変化がないにもかかわらず、治療者は何らかの理解を練り上げ、患者にそれを差し出すという行為を相当に長期にわたって続けていく。解釈が何らその有効性を形にすることがなかったとしても、あるいはめぼしい変化もなく、事態が行き詰っているときでさえも、治療者はこの松木が掲げた「目標」に立ち返りながら、解釈という行為を続けていくことになる。

それは何故だろうか。無論、それは解釈が「真実の感覚をもつ、何らかの言説を生みだそうとする行為」として理解されているゆえだろう。では、松木がいうような「目標」が適い、患者のこころの変化への契機をつくりだすことに成功するのは、その解釈が患者のこころの「真実」を触知しえたからであろうか。この問いはここで議論しているテーマを考えるうえできわめて切実な問いのように思われる。

その答えをイエスとするならば、解釈をしても患者に何の変化も訪れない事態は、その解釈が真実を触知しえていないからということになる。だが、たとえばビオン（一九六七）のいう「選択された事実」（セッション内のさまざまな事象を患者と治療者の双方が味わい、さまざまな交流と理解が行き交わされるなかで、確からしい理解が自生的に浮かび上がってくる）というアイデアや、「解釈や再構成が真実であるかどうかは誰にもわからず……歴史的真実に変わって（分析関係のなかで創造された）物語的真実こそが、過去の事実を究明し、理解する道筋をつくりだす」（括弧内は筆者による）というスペンス（一九八二）の主張が示唆するように、この分野における解釈をめぐる議論は、それが正しいか否かといった「言い当てモデル」をいまや超えた形で展開されている。これらの議論が示すことは、解釈はそれが何らかの真実を探り当てたゆえにその効果を発揮するという理解ではなく、解釈を通じてこころの真実を探求しようとする治療者の姿勢にこそ患者に対する何らかの寄与がはらまれている可能性である。

事態が決定的に変化したと感じるとき、そこには何らかの真実をつかんだ感触が確かにあり、その手応えを患者と共に分かち合うような感覚が確かに存在している。だが、それではやはり解釈は何かを言い当てるための行為であるかと問われると、一概にそうとはいえないように思われる。

私の理解はシンプルである。ある解釈がこうした手応えや変化を喚起し、具体的な有効性を示すのは、その解釈が「真実を言い当てた」というよりも、「解釈が有効にはたらく場」が醸成されたからである。そして、そのような場、もしくは状況、空間、環境、雰囲気が整えられたとき、はじめて患者と治療者はその解釈の意義を目に見える形で享受することになるのだと私は考えている。

このように考えたとき、その局面に至るまで具体的な変化を形作ることのなかった一つひとつの解釈は、決して的外れで、意味のない理解などではなく、こうした「解釈が有効にはたらく場」の設えに貢献していたのだと考えられる。私の理解では、分析的治療者が解釈を呈示する際に――たとえそれが具体的な変化を及ぼすことはなかったとしても――たえず「言葉を生きたもの」にし、その「正確さ」（いずれも松木〔二〇一二〕からの引用）を限界まで追求しようとするのは、患者と治療者の双方に解釈が有効性をもって響きわたるような「場」や「状況」をこしらえるためである。そして、その蓄積が飽和したとき、ある理解や解釈は「選択された事実」へと結実することになるのではなかろうか。

では、このようにして醸成された「場」とはどのような「場」なのだろうか。

心理療法が有効にはたらく場

ここでこれまで呈示してきた臨床素材をふりかえると、それぞれの転回点においてウィニコットのいう「可能性空間」の醸成が鍵となっていたことがわかる。

これまでにも紹介してきたように、可能性空間とは発達早期の母子のあいだの身体的・心理的空間を起源とし、乳児が母親の外在性や外的現実に直面しはじめたときに形成される仮説的な心的空間である。それは内的現実と外的現実のあいだにつくりだされ、内と外、空想と現実、私（me）と私でないもの（not-me）といった対極的な事柄が一様に収められ、その力動的緊張が遊ばれている空間である。そのなかで乳児と母親はひとりでいながらふたりでおり、その種の中間的もしくは移行的な空間のなかで、自分でありながら他者でもある移行対象が形作られていく。

そして、乳児はこの移行対象を媒介としながら（内部と外部、空想と現実を共存させることで）自らの象徴機能を育んでいく。それは投影同一化による直接的で無媒介なコミュニケーション空間とは異なり、象徴的で、媒介的で、間接的な性状を帯びた、さまざまな理解の可能性が兆す空間でもある。

私の理解では、解釈が具体的な有効性を発揮する場もしくは状況とは、まさにこの可能性空間が醸成された場である。第四章で紹介したスキゾイド患者との事例では「交流すること」と「交流しないこと」を共存させる「ひとりごととして解釈」が転機となったが、このような解釈が創造され、それが有効性をもったのは、私たちのあいだに可能性空間が醸成されたゆえである。あるいは第三章のあの高校生との事例においても、内と外、私（me）と私でないもの（not-me）、パーソナルな世界（彼がひとりで鏡に見入る世界）と他者と共に棲まう世界（彼と私が遭遇したトイレの世界）が交錯する可能性空間が生成されたことで、彼は夢見ることが可能となり、その夢を媒介としたやりとりがきわめて生産的な意義を帯びたように思われる。一方、第一章で呈示した事例では、患者の投影同一化と治療者のこころの狭窄化によって事を「それそのもの」としてしか体験しえなくなり、可能性空間を崩壊させたことが中断の要因になっていたのはその考察にも記してきたとおりである。

オグデン（一九八六）はこの種の可能性空間の崩壊を「空想と現実のあいだの弁証法的対話の崩壊」という観点から検討し、その種の事態を、①現実極が崩壊し、現実が空想に包含されることで空想こそが強力な正しさを保有し、多様な理解の可能性が削がれ、出来事がすべて「物自体」と化して圧倒的な感覚印象となっていく事態（父親は「鬼のよう」ではなく、まさに「鬼」となり、治療者は「母親のよう」ではなく、「母親」そのものとして体験される）、②空想極が崩壊し、現実が空想に対する防衛としてはたらくことで、想像性が封じこまれ、あらゆる事柄が硬直化した現実的な出来事にすぎなくなる事態（心的現実の可逆性が失われ、夢、物語、内的ドラマは馬鹿げた無意味なものとして感じられる）、③現実と空想が解離し、それぞれが互いに規定し合うことなく、それぞれの意味の響き合いが失われる事態（フェティシズムの力動のように、女性にはペニスがないことを知っていながら知らずにおり、その二種の心的様態を互いに行き交わせることのない状態)、④現実と空想が封じこめられ、そもそもからして心的な弁証法的対話が成立せず、知覚のみが機能し、象徴的意味が形成されない事態(「無体験」[Ogden, 1980]への陥落)の四タイプに分類したが、第一章にあげた事例は、ここでいう①や②のような状況が顕著に現れていたと考えることができるだろう。

乳児と母親の場合、その関係が普通にほどよく営まれているならば、可能性空間はごく自然に形成されることになる。どちらかがつくりだそうと思ってつくりだされるものではなく、あくまでそれは自生的に生起し、以降の発達はその空間を基盤として進行していくことになる。

だが、心理療法においては可能性空間は常時成立しているわけではない。むしろ患者は可能性空間を生きられず、そのなかで「遊ぶ」ことができないからこそ患者なのであり(Winnicott, 1971)、彼らと付き合う私たちもまた、ややもすると遊びの余地を失い、その営みはいつしか袋小路的な行き詰まり状況へと嵌りこんでいく。こと精神分析的な営みにおいては、可能性空間の成立は相当に長期にわたる交流の蓄積と行き詰まりの果てに醸成される、ほとんど奇跡ともいえるような稀少な瞬間であると私は考えている。

そして、このように「解釈が有効にはたらく場」もしくは「心理療法が有効にはたらく場」を可能性空間と等置して捉えると、私たちが「何の変化も感じられないながらも解釈し続けること」や「行き詰まり状況を生きのびること」の意義が自ずと明らかとなってくる。

発達早期の母子関係においては、可能性空間の生成はそれ以前の「原初の母性的没頭」(Winnicott, 1956)によって成立する錯覚的な世界を前提として成し遂げられていく。そこでは母親は自身の主体性を脇に置き(もしくは奪い取られながら)、自らを乳児の存在の延長線上に位置づけながら乳児に対応し続けている。そして、可能性空間はこうした錯覚的世界のベールが徐々に剝がされるなかで、乳児がひとりの主体としての母親や外的現実と安全に交わっていくための移行的な緩衝体となっている。

一方、精神分析的な心理療法においては、治療者が患者の病理や苦難に全面的に絡めとられ、自身のパーソナルな機能をほとんど失ったままに患者と関係している状況がこの錯覚的世界に該当していると思われる。それは患者の病理的な心的世界が、その生の行き詰まりが、その死の感覚が、治療状況に隅々まで行きわたっている状況である。あるいはそれは——やはり乳児に対する母親と同様に——治療者が「その事態とは独立した形でものを考える存在（その事態を切り開く可能性を秘めた主体的な思考をもつ存在）」として患者に認識されていないにもかかわらず、それでも尚、そこに巻き起こっている出来事に対応し続けようとする状況でもある。

換言すると、心理療法における可能性空間の生成は、それまで展開していた行き詰まり状況にこそ裏打ちされているといえる。すなわち、行き詰まりを生きることこそが治療機序を生みだす条件になっているのである。

そして、心理療法が有効にはたらく場とは、おそらく単にその患者の病理を健全な方向へと変換するものでも、単に心的な生の感覚によって死の感覚を糊塗するようなものでもないのだろう。それは「行き詰まり」状況と「新たな転機」とが、あるいは「既存の事実が反復される事態」と「未知なるものへの可能性」とが、あるいは「心的に生きていること」と「心的に死んでいること」とが、交錯し、対話し、共存していく場として捉えられるように思われる。

ここでこのテーマに則した臨床素材をあげてみようと思う。本素材は第二章と第四章で紹介したスキゾイド的な男性患者とのその後の経過である。

患者は次第に就業への意欲と不安を語るようになった。そのような経過のなか、彼はずっと断り続けていた元同僚からの誘いを受けて、就業時暮らしていた土地へとひとり旅に出た。そこで彼はかつてパニック発作に襲われた通勤電車に乗ってみた。強い不安を体験したが、同時にほろ苦い感覚が胸を占めたという。その旅のなかで、彼は元同僚たちもまた業務の多忙にともない、あのころの自分と同様の苦しみを被っていることを知った。このことは彼の孤独感を随分と和らげたようであった。

その後、ひとり旅から帰ってきた患者は旅行中の体験を日記に綴り、以降も日々の何気ない出来事への想いを日記に書きつけるようになった。

この日記をめぐって、彼はこれまでさまざまな事柄を「物語化」することで現実の生々しさを「モニター越しに捉える」ようにして生きてきたが、そのように受身的に「物語」の読者になりすますことで、事態に直接的に関与しないようにしてきたのかもしれないと連想した。私がこの心理療法もまたそうした「物語」のひとつになっているのだろうかと尋ねると、彼はこの心理療法も、最近はじめた日記も、確かに出来事を「物語化」するものではあるが、ただ少なくともいまは自分が主体的な「書き手」として生きている感じがすると応えた。

その後、彼はこの心理療法の終結を予期するようになった。ひきこもり状態は脱しており、彼は再就職にも漕ぎ出そうとしていた。私もまたこの心理療法の終わりを予感していた。彼の連想や夢も自立や旅立ちをテーマとしたものが多くなっていった。

ただ、このころから私の方に微妙にまずい事態が生じていた。私は基本的にプロセスノートをセッション当日の夜に作成していたが、その作業が滞りはじめたのである。しかし、そのときの私は自身の多忙さゆえと特に気に留めることなく、何となく記録をつけないことへの心残りを覚えながらも日々を過ごすのみだった。

それから二カ月程が経過したころのセッションで、彼は主治医から若干の躁転傾向にあると指摘されたことを報告した。そこから自殺をめぐる連想へと移り、自分にとって死は徐々に絶望に蝕まれるイメージであり、躁による突発的な死は自分の感覚とは程遠いものだと話した。

このとき、私は以前には定型句のごとく報告されていた希死念慮が、ここ数カ月のあいだまったく話されていないことに気づいた。一方、彼の方は「でも、生と死の境界はものすごく儚《はかな》いものなのでしょうね」と話し、それから話題を一転させて、先程家族のために雑貨屋で購入したという珍しい爪楊枝立てと大根おろしを私に見せた。彼がこうした自由連想以外の行為をすることは珍しいことだった。私は若干の戸惑いを覚えつつも、このときは治療関係がより親密になったゆえの行為なのだろうと感じるのみだった。

翌回では、仮に自分が突発的な自殺を試みても、死から目を背けている家族には決してそれを止めることはできないだろうという内容が語られた。私は転移の文脈を理解しつつも、彼の死の可能性をどこか絵空事のように漫然と聞いていた。

だが、そこには微妙な不穏さがあった。考えてみれば、私は彼が死ぬかもしれないという不安を随分と長いあいだ感じないままに過ごしてきていた――開始当初の私は彼が面接室に姿を現すたびに、今週も彼が生きていてくれたと胸を撫でおろしたものだった。その死への感受性の麻痺に私は危機感を抱きはじめた。このような感覚になかば突き動かされるような形で、私は「あなたのなかで、いま、自殺への想いが高まっているのではないでしょうか」と尋ねた。

彼は「いえ、いまのは仮の話です」とやんわりと否定した。それから、先日、同胞のひとりと電車に乗った際に人身事故に巻きこまれたエピソードを連想した。このとき同胞は電車の遅れに憤慨し、自殺者が出たならばその家族に多額の賠償金を請求すべきだと話した。彼は命を金銭に換算する発想に憤りを覚え、「何故そんな風に命を他人事にしたり、物のように扱ったりできるのでしょうね」と疑問に思い、そのことも日記に綴ったという。そして、「最近も、いろいろなことを書き残していますね」と述べて、この話を締めくくった。

「書き残す」という言葉に私はひっかかった。「残す」という言葉が強いインパクトを与えていた。彼にとって書くことは主体的に生きることと同義であり、それは紛れもない進展の証のはずだった。だが、いまや私の違和感は確かな不穏へと変わっていた。思わず私は「あなたはまるで遺書を書き残そうとしているかのようですね」と伝えていた。これまでにも自殺のテーマは何度も取り上げられてきた。だが、このときの私にはこの解釈はきわめて危険な発想だと感じられた。

彼はいつもと変わらぬ口調で「それは意外な考えですね」と静かに応えた。

心理療法の終わりの予感、生死の境界の儚さ、私物を見せた彼、遺書としての日記、他人事としての命。こうしたシークエンスが私のなかに急速にある連関を成していった。これらすべての素材が彼の死への傾倒を指し示しているように私には感じられた。

同時に私は自身がプロセスノートの作成を滞らせていたことの意味をはっきりと自覚した。そこには彼とのやりとりを記したノートが、彼の「残り形見」となってしまう可能性に対する私の無意識的な危惧が反映されていたようであった。彼の命を「他人事」にはしえない私の想いは、「プロセスノートを書かない」という行為のなかへと吸収されてしまっていた。

私は彼が深刻な死の危機にあることをふたたび伝えた。そして、日記の内容を報告することも、前回に私にはじめて私物を見せたことも、あるいはいまこうして私の前で話していることも、そのすべてが死を目前にしている彼が私のなかに自身の存在を刻みつけておこうとする、彼の意識的、無意識的な試みのように思えることを解釈した。

彼はじっと私を見つめて沈黙した。場にはじわじわと重苦しい緊張が押し寄せていた。あまりに突然に彼が手の届かない存在となってしまったように私には感じられた。

終了際にようやく彼は口を開いた。「自殺は、多分、残された人たちの苦しみを思ってずっと決行してこなかったんです」と言った。私は友人の自殺によって彼が味わった苦しみと同型の苦しみから、彼が私や彼の家族を保護的に隔離しようとしている可能性について指摘した。彼は少しだけ涙した。だが、依然として彼があまりにも遠くにいってしまったように私には思えた。

もはや彼の死は絵空事ではなかった。危機介入の必要性から、私は彼の主治医と連絡をとった。その数日後に主治医は彼に入院を勧めたが、彼はもう少し私とのセラピーを続けたいと述べてそれを断った。その連絡を受け、私は頻度を密にすべきだと考えたが、私自身多忙をきわめ、それは叶わなかった。状況はますます彼の友人が死んだときと酷似していった。

彼は日に日に衰弱していった。食事もまともにとれてはいないようだった。そのころのあるセッションで、ひとり旅をして以降「生きていることの温度」を感じはじめたが、しかしそうであるほどに生々しい希死念慮が頭をかすめるようになったことが語られた。そして、「事故か、寿命か、自殺かはわかりませんが、自分は本当に生きられるのだろうかと感じています」と弱々しい口調で語った。

その翌回のセッションで、彼はかすれる声で、友人が死に、自分だけが生きている意味がわからないとつぶやき、長い沈黙に浸った。身動きのとれないような重苦しい沈黙であった。そのセッションが終わりを迎えるころ、彼はある戦争映画のワンシーンにふれ、戦場でわずか数メートル先の戦友が弾丸に倒れ、その亡骸に見入る兵士の気持ちがいまはよくわかると述べた。そして「生きるか死ぬかは紙一重なのでしょうね」とつぶやいた。

私たちもまた数メートルの距離で対峙していた。私はその事実を取り上げ、彼のなかでは彼と私の生は一方の死によってしか成立しえず、ふたりが共に生き残る可能性をほとんど信じられないほどに事態は逼迫《ひっぱく》しているのだろうと伝えた。彼はフェイドアウトするように人知れず死のうとしていたことを打ち明けた。それから友人の死によって事態の窮状から解放され、自分の生が友人の死の上に成立していることの罪悪感が語られた。そして、「生きていてよいという保証が欲しかった」と彼はさめざめと涙した。

以降も沈黙に満ちたセッションが続いた。時折発せられる言葉はいずれも感覚的で形容し難いものばかりであった。私は解釈を控え、この状況を抱えることに専心した。その間、やはり自分だけが生きていることの罪悪感とその苦しみが吐露され続けた。

ただ、このような経過のなかで、彼は自然に退行状態から立ちなおっていった。セッションは少しずつのびやかさとリラックスした雰囲気を醸成しつつあった。直接的に話し合われることはなかったが、確かにふたりでこの危機を乗り越えたという手応えを私たちはそれぞれに感じ合っているように思われた。

そして、少しずつ、彼の口から生きることへの希望が語られるようになっていった。

メニンガー(一九三八)は生の欲動と死の欲動の脱融合に自殺の要因をみたが、この論を拡張するならば、自殺の危険とは「心的に生きていること」と「心的に死んでいること」をこころに共存させ、「心的な死を生きる」(藤山、二〇一二)という逆説が崩壊してしまう事態として捉えることができるのかもしれない。その死の感覚——その不安、恐怖、空虚、不毛——をこころに収納しえないとき、死は実行動のなかに取りこまれていく。この素材においては「心的な死の感覚」の疎隔こそがもっとも深刻な危機を形作っていた。

では、この臨床素材において可能性空間が醸成されたのはどのタイミングだったのだろうか。

私の理解では、それは私が彼の死の可能性を自問し、彼が命を他人事にする在り様について「問い」を発した局面である——それは私の在り様に対する言及であると同時に、彼自身の在り様(「生きていることの温度」をそれまで感じとれなかった彼)についての言及でもあった。

可能性空間を生きはじめたとき、人は自身や、他者や、世界や、人生や、命に向けて、本当の意味で何かを「問う」のではなかろうか。あるいは、このような「問い」がなされることによって、さまざまな理解の可能性をはらんだ可能性空間は醸成されるのかもしれない。

『夢見ること、空想すること、生きていること』(一九七一)という論文に記されたウィニコットの患者は、自身のイマジナリーな体験が人生を豊かにする想像なのか、何の意味もない虚しい空想にすぎないのかを問うたときに生産的なプロセスを歩みはじめた。また、『創造性とその起源』(一九七〇)で紹介された臨床素材においても、「自身の少女の部分を誰かに話したならば自分は狂っていると言われるのではないか」という患者の本質的な問いかけから事は動きはじめている。

無論、それまでにも患者は、自分や、他者や、世界に対するさまざまな疑問を抱いて心理療法という営みに参加し、そのなかでしばしば何かを問うてきたはずである。だが、そこで発せられる疑問や問いは、多くの場合に答えがあらかじめ定まった問いのように思われる。それは最終的には「既存の私」を納得させたり、保障したりするための問いであり、未知への好奇心を欠いた問いになっている。

だが、変化の局面においてなされる「問い」には「わからなさ」が付随している（先の『夢見ること、空想すること、生きていること』のなかに登場する患者の「問い」に対して、ウィニコットは「わからない」と応えている）。

彼は問うた――「命はなぜ他人事ではないのだろうか」。第六章で紹介した男の子はサンタクロースという対象を介して問うた――「良い対象とはどのような存在であり、何故そのようであるのだろうか」。そして、第三章で取り上げた高校生は自身の夢を「問い」の形にして私に呈示した。そこから彼と私の交流は生産的なものへと変化した――「夢は一体何を映し出しているのだろうか」。

これらの問いにはいずれも答えが準備されてはいない。なぜなら、これらの問いは人の実存に関わるような問いになっているからである。そして、おそらくはこのような問いの生成こそが、「既存の私」から「新たな私」への架け橋になっているのではなかろうか。

こうした視点にもとづくと、心理療法における治療機序となるものは正確には何らかの新たな理解ということではなく、その新たな理解を生みだすために「問い」を投げかけ、それを思考し、それを体験していく、その種の「新たな視座をもつ私」の誕生こそが心理療法の転機において生起している事柄であるといえるのかもしれない。そして、このことは「子どもが月を望むとき、望遠鏡を手渡すことが解釈である」というメニンガー（一九五八）の言葉や「探し求められているものは対象ではない。いかなる場合でも子どもが探しだそうとしているのは、自分が何かを見つけだせる能力である」というウィニコット（一九六七）の言説とも軌を一にしているように思われる。

そして、おそらくはこの「問い」の生成によって巻き起こることが、先に紹介した松木による「解釈の目標」の②の後半部に記された事態である。すなわち、この「問い」により、患者のなかの「既存の私」は脱構築化され、「流動化」することになるのではなかろうか。それはウィニコット（一九七一）の言葉遣いでは「無定形」という心的状態に該当する。

私たちが援助しようとしている人たちに必要なことは、特殊な設定における新たな経験である。その経験とは一種の無目的な状態であり、未統合のパーソナリティがアイドリングしているような状態といってもよいかもしれない。このことを私は無定形（formless）と呼んできた。

……ここで私はリラクゼーションを可能とするために不可欠な要素について述べておきたい。これは自由連想の文脈でいえば次のような意味になる。すなわち、カウチに横になっている患者や床の上で玩具に囲まれている子どもには、つながりのない一連の思いつきなり、考えなり、衝動なり、感覚なりを伝達することが許されなくてはならないのである……そこには互いに関連のない思考の連なりという発想が許される余地が必要とされている。治療者はその連なりをありのままに受け入れるべきであり、そこに有意味な脈絡があると推断したりしない方がよい。

……創造的な広がりが生じてくるような休息状態を達成できない患者がいる。この理論に従えば、まとまりのあるテーマを示す自由連想はすでに不安の影響を受けており、観念のまとまりはひとつの防衛組織であるともいえるだろう。おそらく、次のような患者が存在するはずである。すなわち、休息している個人の精神状態に宿る無意味に気づいてくれる治療者をときに必要とする患者である。そうしていながら患者にこの無意味を伝達することを求めようともしない、つまり患者に無意味を組織化するよう求めない、そのような治療者を必要とする患者である。組織化された無意味はすでに防衛なのである（Winnicott, 1971）。

私が本書で紹介してきた事例では、事態の決定的な変化を経た後に、いずれの患者も退行状態に入っている。このことはウィニコットのいう「無定形」のこころを患者が生きていることの証左となっているように思われる。そのなかで患者はまだ何も定まらず、何も目指さず、何にも規定されていない。ただ、さまざまな生の可能性に身を委ねながら、何かを思いつき、何かを語り、何かを体験している。そこには未来志向的な「目的」などはなく、ただいまここにある「出会い」だけが静かに営まれている。そのなかで「既存の私」はいつのまにか「新たな私」へと再構成されていく。

そして、おそらく、この「無定形」の状態においては、私たちは患者のこころだけでなく、その状況全体に耳を傾け、それを抱えていく必要があるのだろう。なぜならば、患者のこころが「無定形」となり、輪郭づけられないとき、そのこころは患者の「内」にあるというよりも、面接空間そのものと一体となっているような気がするからである。かつて藤山（二〇〇三）は「患者の話を聞く」のではなく「患者を聞かなければならない」と述べたが、私たちはさらにその「患者」を超えて、ふたりが生きる「状況を聞く」必要があるのではなかろうか。

あるいは、このことは何も退行状態の患者だけに当てはまることではないのかもしれない。クライン（一九五三）は転移が面接室のすべてに展開されることを示したが、私たちはたえず「状況」がつくりだす「声」に耳を傾ける必要があるのだろう。

心理療法という文化

ここまで述べてきたように、精神分析的な臨床家は、「可能性空間」をはじめとして、さまざまな形の「治療の転機」や「精神分析的な瞬間」の生起のために日々尽力している。だが、本書ではそれは意図的につくりだそうとしてつくりだせるものでないことを度々強調してきた。とはいえ、それでも私たちは「精神分析らしい状況」を設えることで、その到来を粘り強く準備し続けている。私はこの「準備」にこそ私たちの専門性が宿るのだと考えている。

無論、カウチを用意し、患者に自由連想を促し、治療者が解釈し、そのような営為のための訓練を重ねていけば、必ず「精神分析らしい状況」が成立するわけではない。むしろ、私たちは何度もこの「精神分析らしさ」から滑落していくことになる。物を考えられなくなったり、解釈以外のことをしたくなったり、ときには患者との関係を終わらせたくなったりするかもしれない。私たちはセッションのなかでたえず「心理臨床家」や「精神分析的臨床家」

でいられるわけではない。私たちは「分析的臨床家（心理臨床家）であること」と「分析的臨床家でないこと」を何度も往来しながら、「分析的臨床家」で居続けようと努めている。それは、そうすることでいつか醸成されるかもしれない「精神分析らしい状況」が必ず患者の人生に何らかの形で寄与することになるという「Faith（Bion, 1970）」にもとづいている。

そして、おそらくこのことは何も精神分析に限ったことではないと思われる。

各々の学派に応じた訓練を受けた臨床家が、患者のこころに耳を傾け、各々の理論と技法を駆使しながら事に臨むことで、そこには各々の学派に根ざした、各々の学派らしいセラピー状況が構築されてくる。行動療法らしい状況、クライエント・センタードらしい状況、解決志向セラピーらしい状況がこしらえられていく。そして、（一つひとつの技法や理論そのものではなく）こうした「状況」やそれぞれ独自の「雰囲気」こそが、患者の変容に寄与するのではないかと私は考えている。

それはある種の「文化」と形容できるものである。治療者が患者に行っていることは、こうした「文化」の差し出しということになるのかもしれない。

このように考えたとき、心理療法とは患者が生きる「文化」と治療者が生きる「文化」とが出会い、交わり、対話する営みとして捉えることができるだろう。そして、それがきわめて人間的な営みであることは間違いないことのように私には思える。

おわりに

細澤（二〇〇七）がいうように、心理療法における「行き詰まり」はまるで広大な砂漠を彷徨うような体験である。そして、精神分析的な営みもまた、あてのない旅路のような性質をそなえている。砂漠は過酷な死の世界である。しかし、それでも尚、砂漠は美しいと思う。それは砂漠がオアシスを隠しもっているからではない。砂漠が美しいのは、それ自体が大地の美しさを体現しているからである。

同様に、人の生の苦難には生きることの厳しさと命の美しさが宿っている。患者の過酷な人生に寄り添うことは、人間の厳しさと美しさを学ぶかけがえのない旅路となっているのだろう。

あとがき

本書は私が初めて書いた単行本です。

ここにはこれまでの臨床経験のなかで、あるいは研究会や学会や大学等で学んできたことを私なりに懸命に形にした思索の結果が記されています。その思索はあくまでパーソナルなものです。冒頭に述べたように、このパーソナルな思索がはたしてどれだけ普遍性や公共性を帯びているのかはわかりません。

ここに書かれたものそれ自体は制止的に固定され、もはやそれ以外の何かになることはできません。本書の読者がさまざまに何かを感じとってくれることを願います。それがポジティヴなものにせよ、ネガティヴなものにせよ、読者のこころが何かしら動いたならば、本書を執筆した意味があったと感じます。なぜなら、本書の価値は、新しく、より生産的な形でなされる読者の解釈を通じてつくりだされていく「読書体験」のなかにこそはらまれていると思うからです。この固定化された、すでに書かれてしまった、ある意味では死を彷彿とさせる書物というメディアと、読者の生き生きとした感性にもとづく読書体験との交流こそが、新たな何かを生みだす「場」となるように私には感じられます。

本書の執筆に際して、多くの方にお世話になりました。

最初に本書に掲載させていただいた患者のみなさまに厚くお礼申し上げます。

私との心理療法がそれなりに実りあるものになった方も、私の未熟さからそれが叶わなかった方もおられます。ただ、それでもあのかけがえのない時間をこうして執筆させていただく機会を与えてくださったことにこころより感謝いたします。

これまでの臨床家人生のなかで、さまざまな先生方にもお世話になりました。

森田善治先生、殿谷仁志先生、日下紀子先生は、私が臨床心理士を取得する以前からスーパーヴァイザーとして私を支えてくれました。当時、資格もなく、かりそめの専門性のなかで躍起になっていた私が、先生方にどれだけ救われてきたのかは言葉では言い尽くせません。本当にありがとうございました。

松木邦裕先生にこころより感謝申し上げます。学会、研修会、勉強会で先生の考えにふれるたびに味わう深い学びの感覚と、そして何故か湧いてくる反骨精神こそが私の日々の臨床と執筆作業の原動力になっています。いつもありがとうございます。

藤山直樹先生に深くお礼申し上げます。関西と関東という物理的な距離がありながらも、おそらくは私がもっとも影響を受け、もっとも自身の感覚に合致しているのが先生の臨床的アイデアです。高価な鮨も御馳走になりました。ありがとうございました。

祖父江典人先生には公私にわたって本当にお世話になっております。このような著書を出版することができたのも、つまるところ先生のおかげです。私のなかで先生はまごうことなき愛の臨床家であり、愛に内包されるさまざまに複雑な情感をその臨床感覚からいつも学ばせていただいております。

北村隆人先生、北村婦美先生にこころより感謝申し上げます。先生方は貴重な臨床現場を私に与えてくださりました。その現場での活動が間違いなく私の血肉になっています。ありがとうございます。

皆藤章先生と高橋靖恵先生にこころより感謝申し上げます。京都大学大学院教育学研究科臨床実践指導者養成コースに在籍した三年間は本当にかけがえのないものでした。一つひとつの授業が生きた手応えのあるものでした。

そこでの学びが本書に大きな影響を与えていることはいうまでもありません。

平井正三先生と今井たよか先生にこころより感謝申し上げます。このような場で突然お名前をあげたことは先生方としては心外かもしれません。なぜなら、先生方と私のあいだには直接の交流はほとんどないからです。しかし、先生方の考えや言葉にいつも感銘を受けています。ありがとうございました。

そして、細澤仁先生にこころより感謝申し上げます。最初に先生の講義を受けたときの衝撃はいまでも忘れません。精神分析の世界に私を誘ってくれたことに感謝しています。数年前までの私のなかの臨床の知はそのまま先生の知でもありました。しかし、いまは微妙に異なりつつあります。そして、おそらく先生の場合はそれこそが本望なのでしょう。いずれにせよ、先生が私の師であるという想いは変わりません。

私は思春期のころから物書きになることを夢見ていました。当時は推理小説作家になろうと思い、トリックやシチュエーションをあれこれ考えたりしていました。推理小説でなくても、いつか何らかの形で自分の本を出すことができたらどんなに素敵なことだろうと感じたりもしていました。しかし、心理職としてはたらきはじめ、そのような夢はいつしか日々の生活のなかに埋もれていきました。ですので、金剛出版の立石正信さんに「出版をしてみませんか」とお声をかけていただいたとき、埋もれていた夢にふたたび命が宿るような感覚をもちました。博士論文の執筆により、本当に長らくお待たせすることになってしまいましたが、私が思う「心理臨床のユニークさと尊さ」を公共的な場に届ける機会を与えてくださったことにこころより感謝申し上げます。

尚、本書のいくつかの章は京都大学大学院教育学研究科に提出した博士論文をもとに執筆しています。また、第二章、第四章、第九章に呈示した男性患者との心理療法、第三章に呈示した事例は京都大学大学院教育学研究科の倫理審査を通過したものになっています。改めて皆藤先生、高橋先生、そして京都大学大学院教育学研究科の先生方に厚くお礼申し上げます。

最後になりましたが、大学院博士後期課程への入学を支援してくれた両親に、そして、妻と娘と息子にこの場を借りてお礼を言いたいと思います。十分に父親として機能しえなかった私をずっと家族は支えてくれました。ありがとう。

上田勝久

二〇一八年三月　春陽ふりそそぐオフィスにて

†初出一覧

序章 「精神分析的心理療法における行き詰まりと治療機序――パーソナリティ障碍をめぐって」の「序章」(京都大学博士論文 二〇一八)を改稿

第一章 「心理療法空間を支えるもの――可能性空間の維持と崩壊」(心理臨床学研究 三一巻二号 二〇一三)を改稿

第二章 「手渡された抑うつ、罪悪感によるつながり」(精神分析研究 五七巻一号 二〇一三)を大幅に改稿

第三章 「鏡の中の自己――ナルシシズムをめぐって」(精神分析研究 五六巻一号 二〇一二)を改稿

第四章 「解釈と交流――移行的な解釈をめぐって」(精神分析研究 五四巻三号 二〇一〇)および「精神分析的マネージメント――その時間的側面と空間的側面」(精神分析研究 六一巻三号 二〇一七)を大幅に改稿

第五章 「精神療法における恥の感覚をめぐって」(精神分析研究 六〇巻二号 二〇一六)を改稿

第六章 「精神分析的心理療法における美的体験の意義――メルツァーの美の理解をめぐって」(京都大学大学院教育学研究科紀要 六二号 二〇一六)を改稿

第七章 書き下ろし

第八章 「精神分析的心理療法における行き詰まりと治療機序――パーソナリティ障碍をめぐって」の「一章」(京都大学博士論文 二〇一八)を改稿

第九章 「精神分析的心理療法における行き詰まりと治療機序――パーソナリティ障碍をめぐって」の「終章」(京都大学博士論文 二〇一八)を改稿

索引

人名

アルファベット

あ

か

さ

た

な

は

ま

や

ら

わ

文献

Balint, M. (1968). The Basic Fault：Therapeutic Aspects of Regression. Tavistock Publications, London. 中井久夫訳 (1978). 治療論からみた退行——基底欠損の精神分析. 金剛出版.

Baranger, M.・Baranger, W. (1966). Insight in the analytic situation. Psychoanalysis in America. International Universities Press, Madison.

Bion, W. R. (1957). Differentiation of the Psychotic from the Non-Psychotic Personalities. International Journal of Psycho-Analysis, 38, 266-275.

Bion, W. R. (1962). Learning from Experience. Reprinted in Seven Servants. William Heinemann, London. 福本修 (訳) (2002). 経験から学ぶこと. 精神分析の方法 I ——セブン・サーヴァンツ. 法政大学出版局.

Bion, W. R. (1965). Transformations. Reprinted in Seven Servants. William Heinemann, London. 福本修 (訳) (2002). 変形. 精神分析の方法II——セブン・サーヴァンツ. 法政大学出版局.

Bion, W. R. (1967). Second Thoughts. Heinemann, London. 松木邦裕 (監訳) (2007). 再考——精神病の精神分析理論. 金剛出版.

Bion, W. R. (1970). Attention and Interpretation. Reprinted in Seven Servants. William Heinemann, London. 福本修 (訳) (2002). 注意と解釈. 精神分析の方法II——セブン・サーヴァンツ. 法政大学出版局.

Blanton, S. (1971). Diary of My Analysis with Sigmund Freud. Hawthorn Books, Portland Oregon.

Breger, L. (2000). FREUD：Darkness in the Midst of Vision. John Wiley & Sons, New Jersey. 後藤素規・弘田洋二 (監訳) (2007). フロイト——視野の暗転. 里文出版.

Caper, R. (1999). A Mind of One's Own：A Psychoanalytic View of Self and Object. Routledge, London. 松木邦裕 (監訳) (2011). 米国クライン派の臨床——自分自身のこころ. 岩崎学術出版社.

Chasseguet-Smirgel, J. (1985). The ego ideal：A psychoanalytic essay on the malady of the ideal. Norton, New York.

土居健郎 (1965). 精神分析と精神病理. 医学書院.

土居健郎 (1971). 「甘え」の構造. 弘文堂.

土居健郎 (2000). 治療法・研究法としての精神分析. 土居健郎選集3. 岩波書店.

Eissler, K. (1953). The effect of the structure of the ego on psychoanalytic technique. Journal of the American Psychoanalytic Association, 1, 104-143.

Erikson, E. H. (1950). Childhood and Society. Norton, New York. 仁科弥生 (訳) (1977). 幼児期と社会 I. みすず書房, 東京.

Fairbairn, W. R. D. (1940). Schizoid factors in the personality. In W. R. D. Fairbairn, (1952). Psycho-analytic studies of the personality. Routledge, London.

Fernando, J. (2000). The borrowed sense of guilt. International Journal of Psycho-Analysis, 81, 499-512.
Freud, S., Breuer, J. (1895). Studies on Hysteria. Standard Edition 2.
Freud, S. (1905). Psychical Treatment. Standard Edition 7.
Freud, S. (1905). Fragment of an Analysis of a Case of Hysteria. Standard Edition 9.
Freud, S. (1910). "Wild" Psycho-Analysis. Standard Edition 11.
Freud, S. (1911). Formulations on the two principles of mental functioning. Standard Edition 12.
Freud, S. (1912). The Dynamics of Transference. Standard Edition 12.
Freud, S. (1912). Recommendations for Physicians on the Psycho-Analytic Method of Treatment. Standard Edition 12.
Freud, S. (1913). On Beginning the Treatment. Standard Edition 12.
Freud, S. (1914). Remembering, Repeating and Working-Through. Standard Edition 12.
Freud, S. (1914). On Narcissism：an introduction. Standard Edition 14.
Freud, S. (1915). The Unconscious. Standard Edition 14.
Freud, S. (1916-1917). Introductory Lectures on Psycho-Analysis. Standard Edition 15 & 16.
Freud, S. (1917). Mourning and Melancholia. Standard Edition 14.
Freud, S. (1917). A difficulty in the path of Psycho-Analysis. Standard Edition 17.
Freud, S. (1919). Lines of Advance in Psycho-Analytic Therapy. Standard Edition 17.
Freud, S. (1920). Beyond the Pleasure Principle. Standard Edition 18.
Freud, S. (1923). The Ego and Id. Standard Edition 19.
Freud, S. (1937). Constructions in Analysis. Standard Edition 23.
藤山直樹 (1997). 人格障害のマネジメント. 成田善弘 (編) (1997). 現代のエスプリ 別冊 人格障害. 至文堂.
藤山直樹 (2003). 精神分析という営み――生きた空間をもとめて. 岩崎学術出版社.
藤山直樹 (2008). ナルシシズムについての覚書――心的な死との関連で. 藤山直樹 (編) (2008). ナルシシズムの精神分析. 岩崎学術出版社.
藤山直樹 (2010). 情緒という他者. 臨床心理学 10巻 第2号. 金剛出版.
藤山直樹 (2010). 続・精神分析という営み――本物の時間をもとめて. 岩崎学術出版社.
藤山直樹 (2011). 精神分析という語らい. 岩崎学術出版社.
藤山直樹 (2017).「分析的」な関わりとは何か. 精神分析研究, 61 (1), 5-18.
藤山直樹・松木邦裕 (2015). 精神分析における不毛性. 特集にあたって. 精神分析研究, 59 (1), 1.
福本修 (1995). メルツァーの発展. 小此木啓吾・妙木浩之 (編). 現代のエスプリ 別冊 精神分析の現在. 至文堂.
Gill, M. (1954). Psychoanalysis and exploratory psychotherapy. Journal of the American Psychoanalytic Association, 2, 771-797.
Green, A. (1975). The analyst, symbolization and absence in the analytic setting. International Journal of Psycho-Analysis, 56, 1-22.
Greenson, R. (1967). The Technique and Practice of Psychoanalysis, vol 1. International Universities Press, New York.

Grey, P. (1994). The Ego and Analysis of Defence：The Technique of Close Process Attention. Jason Aronson, Northvale, New Jersey.
原井宏明 (2012). 方法としての動機づけ面接――面接によって人と関わるすべての人のために. 岩崎学術出版社.
平井正三 (2014). 精神分析の学びと深まり――内省と観察が支える心理臨床. 岩崎学術出版社.
平井正三 (2017). 週一回精神分析的サイコセラピー――その特徴と限界. 北山修（監修）・高野晶（編）(2017). 週一回サイコセラピー序説――精神分析からの贈り物. 創元社.
細澤仁 (2005). 精神療法過程におけるひきこもりをめぐって. 精神分析研究, 49 (4), 368-373.
細澤仁 (2007). 精神分析的心理療法における希望と絶望. 心理臨床学研究, 25 (2), 164-173.
細澤仁 (2008). ひきこもりとナルシシズム. 藤山直樹（編）(2008). ナルシシズムの精神分析. 岩崎学術出版社.
細澤仁 (2010). 心的外傷の治療技法. みすず書房.
Joseph, B. (1989). Psychic Equilibrium and Psychic Change：Selected Papers of Betty Joseph. Routledge, London. 小川豊昭（訳）(2005). 心的平衡と心的変化. 岩崎学術出版社.
神田橋條治 (2000). 治療のこころ 巻5. 花クリニック神田橋研究会.
狩野力八郎 (2002). 重症人格障害の臨床研究――パーソナリティの病理と治療技法. 金剛出版.
河合隼雄 (1976). 事例研究の意義と問題点――臨床心理学の立場から. 臨床心理事例研究, 第3号, 9-12.
Kernberg, O. F. (1967). Borderline personality organization. Journal of the American Psychoanalytic Association, 15, 641-685.
Kernberg, O. F. (1975). Borderline Condition and Pathological Narcissism. Jason Aronson, New York.
北山修 (1993). 日本語臨床の深層――自分と居場所. 岩崎学術出版社.
北山修 (1996). 恥の取り扱いをめぐって. 北山修（編）(1996). 恥――日本語臨床1. 星和書店.
北山修 (2001). 幻滅論. みすず書房.
Klein, M. (1953). The Origins of Transference. Writings of Melanie Klein vol 4. 舘哲朗（訳）(1985). 転移の起源. 小此木啓吾・岩崎徹也（責任編訳）. メラニー・クライン著作集4. 誠信書房.
Kohut, H. (1971). The Analysis of the Self. International Universities Press, New York. 水野信義・笠原嘉（監訳）(1994). 自己の分析. みすず書房.
Kojève, A. (1934). Introduction to the Reading of Hegel. trans J. H. Nichols (1969). Cornell University Press, New York.
Lewis, H. B. (1971). Shame and Guilt in neurosis. International Universities Press, New York.
Lynd, H. M. (1958). On Shame and the Search for Identity. Harcourt, New York.

Masson, J. M. (1985). The Complete Letters of Sigmund Freud to Wilhelm Fliess, 1887-1904. Belknap Press, London. 河田晃 (訳) (2001). フロイト フリースへの手紙 1887-1904. 誠信書房.

松木邦裕 (2011). 不在論——根源的苦痛の精神分析. 創元社.

松木邦裕 (2012). 精神分析的方法についての覚書. 細澤仁 (編) (2012). 松木邦裕との対決, 3-19. 岩崎学術出版社.

Meltzer, D. (1967). The Psycho-Analytical Process. Karnac Books, London. 松木邦裕 (監訳) (2010). 精神分析過程. 金剛出版.

Meltzer, D.・Bremner, J.・Hoxter, S.・Weddel, D.・Wittenberg, I. (1975). Explorations in Autism. Karnac Books, London. 平井正三 (監訳) (2014). 自閉症世界の探求——精神分析的研究より. 金剛出版.

Meltzer, D. (1978). The Kleinian Development. Karnac Books, London. 松木邦裕 (監訳) (2015). クライン派の発展. 金剛出版.

Meltzer, D. (1984). Dream-Life：A Re-examination of the Psycho-analytical Theory and Technique. Karnac Books, London. 新宮一成・福本修・平井正三 (訳) (2004). 夢生活——精神分析理論と技法の再検討. 金剛出版.

Meltzer, D. (1986). Studies in Extended Metapsychology；Clinical Applications of Bion's Ideas. Karnac Books, London.

Meltzer, D.・Williams, M. H. (1988). The Apprehension of Beauty：The Role of Aesthetic Conflict in Development, Art and Violence. Karnac Books, London. 細澤仁 (監訳) (2010). 精神分析と美. みすず書房.

Meltzer, D. (1992). The Claustrum；An Investigation of Claustrophobic Phenomena. Karnac Books, London.

Menninger, K. (1938). Man Against Himself. Harcourt Brace, New York. 草野栄三良 (1963). おのれに背くもの 上. 日本教文社.

Menninger, K. (1958). Theory of Psychoanalytic Technique. Basic Books, New York. 小此木啓吾・岩崎徹也 (監訳) (1969). 精神分析技法論. 岩崎学術出版社.

Money-Kyrle, R. (1968). Cognitive Development. The Collected Papers of Roger Money-Kyrle. Clunie Press, London. 松木邦裕 (監訳), 古賀直子 (訳) (2003). 認知の発達. 対象関係論の基礎. 新曜社.

Moore, B. E. et al (1990). Psychoanalytic Terms & Concepts. The American Psychoanalytic Association and Yale University Press, London. 福島章 (監訳) (1995). 精神分析事典. 新曜社.

森野善右衛門 (1978). 現代キリスト教倫理——ボンヘッファー選集. 新教出版社.

森岡正芳 (編) (2012). 「うつ」の現在——基本的な考え方. 臨床心理学 12巻 第4号. 金剛出版.

村岡倫子 (2000). 精神療法における心的変化——ターニングポイントに何が起きるか. 精神分析研究, 44 (4), 444 − 454.

中村善也 (1981). オウィディウス　変身物語. 岩波文庫.

Nathanson, D. L. (1987). The Many Faces of Shame. Guilford Press, New York.

Ogden, T. H. (1980). On the nature of Schizophrenic conflict. *International Journal of Psycho-Analysis*, 61, 513-533.

Ogden, T. H. (1986). The Matrix of Mind：object relations and the psychoanalytic dialogue. Jason Aronson, Northvale, New Jersey. 狩野力八朗（監訳），藤山直樹（訳）(1996). こころのマトリックス——対象関係論との対話. 岩崎学術出版社.

Ogden, T. H. (1989). The Primitive Edge of Experience. Jason Aronson, Northvale, New Jersey.

Ogden, T. H. (1994). Subjects of Analysis. Jason Aronson, Northvale, New Jersey. 和田秀樹（訳）(1996).「あいだ」の空間——精神分析の第三主体. 新評論.

Ogden, T. H. (1997). Reverie and Interpretation：Sensing Something Human. Jason Aronson, London. 大矢泰士（訳）(2006). もの想いと解釈——人間的な何かを感じとること. 岩崎学術出版社.

Ogden, T. H. (2001). Conversations at the Frontier of Dreaming. Jason Aronson, London. 大矢泰士（訳）(2008). 夢見の拓くところ——こころの境界領域での語らい. 岩崎学術出版社.

岡田暁宜 (2017). 週一回の精神分析的精神療法におけるリズム性について. 北山修（監修）・高野晶（編）(2017). 週一回サイコセラピー序説——精神分析からの贈り物. 創元社.

岡野憲一郎 (1998). 恥と自己愛の精神分析——対人恐怖から差別論まで. 岩崎学術出版社.

Quine, W. (1961). Two dogmas of empiricism, in From a Logical Point of View. Harper & Row, New York.

Rosenfeld, H. (1964). On the psychopathology of narcissism：a clinical approach. In Psychotic States. Hogarth Press, London.

Rosenfeld, H. (1971). A clinical approach to the psycho-analytical theory of the life and death instincts：an investigation into the aggressive aspects of narcissism. International Journal of Psycho-Analysis, 52, 169-178.

Rosenfeld, H. (1987). Impasse and Interpretation：Therapeutic and Anti-Therapeutic Factors in the Psychoanalytic Treatment of Psychotic, Borderline, and Neurotic Patients. Tavistock publication, London. 神田橋條治（監訳）(2001). 治療の行き詰まりと解釈——精神分析療法における治療的/反治療的要因. 誠信書房.

Roth, P. (2004). Mapping the landscape：levels of transference interpretation. In E. Hargreaves & A. Varhevker (Eds) (2004). In Pursuit of Psychic Change：The Betty Joseph Workshop. Routledge, London. 吉沢伸一（訳）(2017). 風景を定位すること——転移解釈のレベル. 松木邦裕（監訳）(2017). 心的変化を求めて——ベティ・ジョセフ精神分析ワークショップの軌跡. 創元社.

Sandler, J. (1992). The Patient and The Analyst：The Basis of the Psychoanalytic Process, Second Edition. Karnac Books, London. 藤山直樹・北山修（監訳）(2008). 患者と分析者——精神分析の基礎知識. 誠信書房.

Spence, D. P. (1982). Narrative Truth and Historical Truth. Norton, New York.

Steiner, J. (1993). Psychic Retreats：pathological organizations in psychotic, neurotic and borderline patients. Routledge, London. 衣笠隆幸（監訳）(1997). こころの退避——精神病・神経症・境界例患者の病理的組織化. 岩崎学術出版社.

Steiner, J. (2011). Seeing and Being Seen：Emerging from Psychic Retreat. Routledge,

London．衣笠隆幸（監訳），浅田義孝（訳）（2013）．見ることと見られること──「こころの退避」から「恥」の精神分析へ．岩崎学術出版社．

Strachey, J. (1934). The Nature of the Therapeutic Action of Psycho-Analysis. International Journal of Psycho-Analysis, 15, 127-159.

Symington, N. (1993). Narcissim：A New Theory. Karnac Books, London. 成田善弘（監訳）（2007）．臨床におけるナルシシズム──新たな理論．創元社．

Tisseron, S. (1992). La Honte：Psychanalyse d'un lien social. Dunnod, Paris. 大谷尚文，津島孝仁（訳）（2001）．恥──社会関係の精神分析．法政大学出版局，東京．

飛谷渉（2004）．メルツァーの急進的展開．松木邦裕（編）．［現代のエスプリ］別冊　現代の精神分析家シリーズ　オールアバウト「メラニークライン」．至文堂．

飛谷渉（2011）．メルツァーとビオン──美と真実の出会い．精神分析研究，55（1），18-25．

Tomkins, S. (1963). Affect Imagery Consciousness：Volume II, The Negative Affects. Springer Publishing Company, New York.

上田勝久（2009）．精神療法の中で孤独を抱えること．精神分析研究，53（1），51-57．

上田勝久（2010）．解釈と交流．精神分析研究，54（3），83-91．

上田勝久（2012）．鏡の中の自己──ナルシシズムをめぐって．精神分析研究，56（1），53-63．

上田勝久（2012）．分析臨床の終わり，分析的思考のはじまり．松木邦裕との対決，71-95．岩崎学術出版社．

上田勝久（2018）．精神分析心理療法における行き詰まりと治療機序──パーソナリティ障碍をめぐって．京都大学大学院教育学研究科　博士論文．

Winnicott, D. W. (1945). Primitive Emotional Development. In D. W. Winnicott. (1958). Collected Papers：Through Paediatrics to Psycho-Analysis. Tavistock publication, London.

Winnicott, D. W. (1947). Hate in the Countertransference. In D. W. Winnicott. (1958). Collected Papers：Through Paediatrics to Psycho-Analysis. Tavistock publication, London.

Winnicott, D. W. (1948). Reparation in Respect of Mother's Organized Defence against Depression. In D. W. Winnicott. (1958). Collected Papers：Through Paediatrics to Psycho-Analysis. Tavistock publication, London.

Winnicott, D. W. (1950-1955). Aggression in Relation to Emotional Development. In D. W. Winnicott. (1958). Collected Papers：Through Paediatrics to Psycho-Analysis. Tavistock publication, London.

Winnicott, D. W. (1951). Transitional Object and Transitional Phenomena. In D. W. Winnicott. (1958). Collected Papers：Through Paediatrics to Psycho-Analysis. Tavistock publication, London.

Winnicott, D. W. (1952). Psychoses and Child Care. In D. W. Winnicott. (1958). Collected Papers：Through Paediatrics to Psycho-Analysis. Tavistock publication, London.

Winnicott, D. W. (1954). Metapsychological and Clinical Aspects of Regression within the Psycho-Anlytical Set-Up. In D. W. Winnicott. (1958). Collected Papers：Through

Paediatrics to Psycho-Analysis. Tavistock publication, London.
Winnicott, D. W. (1956). Primary Mental Preoccupation. In D. W. Winnicott. (1958). Collected Papers : Through Paediatrics to Psycho-Analysis. Tavistock publication, London.
Winnicott, D. W. (1958). The Capacity to Be Alone. In D. W. Winnicott. (1965). The Maturational Processes and the Facilitating Environment : Studies in the Theory of Emotional Development. Hogarth Press, London.
Winnicott, D. W. (1960). Ego Distortion in Terms of True and False Self. In D. W. Winnicott. (1965). The Maturational Processes and the Facilitating Environment : Studies in the Theory of Emotional Development. Hogarth Press, London.
Winnicott, D. W. (1963). Dependence in Infant-Care, in Child Care and in the Psychoanalytic Setting. In D. W. Winnicott. (1965). The Maturational Processes and the Facilitating Environment : Studies in the Theory of Emotional Development. Hogarth Press
Winnicott, D. W. (1963). Communicating and Not Communicating : Leading to a Study of Certain Opposites. In D. W. Winnicott. (1965). The Maturational Processes and the Facilitating Environment : Studies in the Theory of Emotional Development. Hogarth Press, London.
Winnicott, D. W. (1968). Communication between Infant and Mother, and Mother and Infant, Compared and Constrasted. In C. Winnicott, R. Shepherd & M. Davis (Eds) (1987). Babies and Their Mothers. Free Association Books, London.
Winnicott, D. W. (1968). The Use of an Object and Relating through Identifications. In D. W. Winnicott. (1971). Playing and Reality. Hogarth Press, London.
Winnicott, D. W. (1971). Playing : A Theoretical Statement. In D. W. Winnicott. (1971). Playing and Reality. Hogarth Press, London.
Winnicott, D. W. (1971). Playing : Creative Activity and the Search for the Self. In D. W. Winnicott. (1971). Playing and Reality. Hogarth Press, London.
Winnicott, D. W. (1971). Dreaming, Fantasying, and Living : A Case-History Describing a Primary Dissociation. In D. W. Winnicott. (1971). Playing and Reality. Hogarth Press, London.
Winnicott, D. W. (1971). Creativity and Its Origins. In D. W. Winnicott. (1971). Playing and Reality. Hogarth Press, London.
Winnicott, D. W. (1971). The Place Where We Live. In D. W, Winnicott. (1971). Playing and Reality. Hogarth Press, London.
Winnicott, D. W. (1971). Mirror-Role of Mother and Family in Child Development. In D. W. Winnicott. (1971). Playing and Reality. Hogarth Press, London.
若島孔文 (2011). ブリーフセラピー講義――太陽の法則が照らすクライアントの「輝く側面」. 金剛出版.
Yves Bonnefoy, J.(Ed) (1993). Dictionnaire des mythologies. Flammarion, Paris. 金光仁三郎・大野一道・白井康隆・安藤俊次 (監訳) (2001). 世界神話大事典. 大修館書店.

[著者略歴]
上田 勝久 | うえだ かつひさ

1979年　三重県伊賀市に生まれる
2008年　兵庫教育大学大学院　学校教育研究科　教育臨床心理コース修了
2018年　京都大学大学院　教育学研究科臨床実践指導者養成コース修了（教育学博士）
現在　　京都民医連中央病院太子道診療所、臨床心理士

著訳書　『精神分析と美』（共訳）（みすず書房、2010）、『松木邦裕との対決』（分担執筆）（岩崎学術出版社、2012）、『日常臨床に活かす精神分析――現場に生きる臨床家のために』（分担執筆）（誠信書房、2017）など

受賞　日本心理臨床学会　奨励賞（2015）、日本精神分析学会　山村賞（2015）、京都大学大学院教育学研究科長賞（2016）、三好暁光学術奨励賞（2017）

心《しん》的《てき》交《こう》流《りゅう》の起《お》こる場《ば》所《しょ》
心理療法における行き詰まりと治療機序をめぐって

2018年9月 1 日　印刷
2018年9月10日　発行

著者――――上田勝久

発行者―――立石正信
発行所―――株式会社 金剛出版
〒112-0005 東京都文京区水道1-5-16　電話 03-3815-6661
振替 00120-6-34848

印刷・製本⊙総研

　ISBN978-4-7724-1636-8 C3011